企业内部控制审计研究

——基于整合审计的视角

吴寿元　著

中国财经出版传媒集团
中国财政经济出版社

图书在版编目（CIP）数据

企业内部控制审计研究：基于整合审计的视角 / 吴寿元著．—北京：中国财政经济出版社，2016.11

ISBN 978－7－5095－6956－6

Ⅰ．①企…　Ⅱ．①吴…　Ⅲ．①企业管理－内部审计－研究　Ⅳ．①F239.45

中国版本图书馆 CIP 数据核字（2016）第 212289 号

责任编辑：罗亚洪　　　　责任校对：胡永立
封面设计：汪俊宇　　　　版式设计：录文通

中国财政经济出版社出版

URL：http：//www.cfeph.cn

E－mail：cfeph @cfeph.cn

社址：北京市海淀区阜成路甲 28 号　邮政编码：100142

营销中心电话：88190406

北京京华虎彩印刷有限公司印刷　各地新华书店经销

880×1230 毫米　32 开　6.75 印张　170 000 字

2016 年 11 月第 1 版　2016 年 11 月北京第 1 次印刷

定价：28.00 元

ISBN 978－7－5095－6956－6/F・5575

（图书出现印装问题，本社负责调换）

本社质量投诉电话：010－88190744

打击盗版举报热线：010－88190492、QQ：634579818

序

我和寿元有缘。

2009 年，他报考中国财政科学研究院（简称“财科院”，2016 年 2 月之前称为“财政部财政科学研究所”）会计学博士时，总成绩名列所报考导师的第一名。机缘巧合，我通过进一步的接触发现，寿元的英语应用能力强、会计审计专业水平好、综合素质高，这促使我在录取名额有限的情况下，仍积极与财科院联系沟通，专门增加了一个名额。好事多磨，经过不懈努力，寿元最终成为我指导的第一位具有会计师事务所从业经验的博士生。当年，也是我担任财科院博导以来第一次同期招收两名博士生，这也从侧面反映出我们之间不浅的师生缘。2009 年，寿元在大华会计师事务所工作，负责专业标准和国际业务。当时，财政部正在研究对四大合作所的本土化改制，寿元作为课题具体负责人和主要执笔人，肩负了财政部重点会计课题《中外合作会计师事务所本土化问题研究》的重任，课题成果被财政部作为中国四大合作会计师事务所转制和本土化的决策参考材料。2010 年 5 月，寿元作为中国代表团三位成员之一，与财政部会计司陆建桥处长、李莉调研员一道，参加了在新加坡举办的国际财务报告准则亚大区政策论坛，在会议上代表中国注册会计师用英语发言，简要阐述了国际金融危机对中国审计职业界的影响和挑战，并回答了与会代表的提问。

2010 年 4 月，财政部等五部委联合发布了《企业内部控制配套指引》，由中国会计学会副会长刘永泽教授联合大华会计师事务所等机构，组建中国内部控制研究中心，并成立了大华融智管理咨询公司，寿元被推荐为公司的主要负责人，重点为上市公司内部控制的建设、评价与审计提供专业的咨询服务。他带领的团队为黑牡丹、沈阳机床、中化国际、陕西金叶、深华新、中航精机等上市公司以及中电投东北公司等国企提供了内控建设、咨询与审计服务，得到了客户和监管机构的好评。由于寿元有较好的企业内部建设及审计实践经验，他本人希望将实践和理论相结合，深入开展企业内部控制审计研究，我个人也十分赞同。从本书可以发现，寿元将他多年的会计审计、内部建设与咨询工作经验与理论很好地结合起来，对我国开展企业内部控制审计工作提出了一些颇具建设性的创新观点和建议，包括但不限于以下四个方面：一是提出了价值导向的内控审计理念；二是提供了一份全面内部控制审计报告的参考模板；三是参考美国《萨班斯法案》404 条款的要求和美国内部控制审计报告的格式，将财务报告相关的内部控制审计报告和财务报表审计报告相结合，提供了一份整合审计报告模版；四是提出了删除重要缺陷，将内控缺陷由三缺陷简化为两缺陷的建议。当然，企业内部控制审计总体而言在我国还是一个新生事物，对事务所而言也是一项新业务，本书提出的一些观点和建议还有待于在实践中检验和完善。令我欣慰的是，寿元在 2014 年 11 月被财政部聘为第三届企业内部控制标准委员会咨询专家，并于 2016 年 7 月被财政部聘为第一届企业内部控制会计准则咨询委员会咨询委员，这表明他在专业上已经得到了政府主管部门和社会的较高认可。当然，作为导师，必然对学生的成长和进步有着更多的期许。“路漫漫其修远兮”，我希望寿元能够在今后的工作中，继续加强内控审计的理论研究，继续坚持理论结合实际，为提升我国企业的公司治理、内控管理水平以及国际竞争力，不断做出新的贡献。

刘玉廷

2016 年 6 月于北京

摘 要

随着经济社会的发展，内部控制已经成为国内外经济、管理领域内最热门的课题之一。2001 年以来，在美国连续爆发的安然、世通和施乐等公司的财务舞弊丑闻，暴露了美国上市公司内部控制体系的严重缺陷。2002 年，美国国会出台了《萨班斯—奥克斯利法案》，不仅强化了财务报告内部控制有效性和公司治理层、管理层责任的规定，而且明确要求注册会计师对财务报告内部控制进行审计，从而第一次将内部控制审计确立为注册会计师的一项法定业务，对世界各国的审计界产生重大影响。

从我国的现实情况看，上市公司频频出现内控失效和财务舞弊事件，严重影响了资本市场的健康运行。特别是 2010 年以来，不少在美国上市的中国公司遭遇被做空、被监管机构调查和处罚、集体诉讼、集体退市事件以及 2012 年在香港发生的多起审计师辞任民营上市公司事件，严重影响了中国企业在国际资本市场的形象和声誉。这些事件的背后都存在一个共同的问题，即公司内部控制存在重大缺陷。因此，企业内部控制作为公司治理的关键环节和经营管理的重要内容，不仅是财务报表质量的重要保证，更是资本市场健康发展的基础之一，对于维护投资者信心，保证市场经济有序运行都具有重要的作用。

我国政府部门也已经充分意识到内部控制的重要性。2008 年以来，财政部等五部委先后发布了《企业内部控制基本规范》（以下简称《基本规范》）、《企业内部控制配套指引》（以下简称《配套指引》）等一系列规定，标志着适合我国企业的内部控制规范体系已经基本建立。从 2011 年度开始逐步推行注册会计师内部控制审计业务。由于这是一项新兴的审计实务，无论是国外还是国内，针对企业内部控制审计的理论研究还比较少，并且比较零星，滞后于审计实务发展的需要，也尚未形成比较系统的理论。从对2011年规范类和自愿试点类上市公司开展内部控制建设、评价与审计的实际情况来看，公司管理层和注册会计师对于如何界定、分类内控缺陷，注册会计师如何开展整合审计，恰当地出具内部控制审计报告，披露内部控制有效性的信息存在不同的理解和做法，甚至比较混乱。因此，开展注册会计师对企业内部控制审计的理论研究，对于指导实务工作的开展，解决实务中碰到的一些困难和疑惑，进一步完善我国的内部控制审计准则和应用指南，是一个迫切的需要，具有现实和长远的意义。

围绕这一主题，本书综合使用了规范研究、案例研究与问卷调查研究等方法，从不同视角进行了多维度的深入研究，从以下五个方面进行探讨并得出相关结论：

第一，对内部控制的理论内涵进行了深入研究，并从历史纵向维度对其变迁进行了全面系统梳理，认为内部控制具有理论上的合理性、先进性和实践上的必要性。笔者通过对企业内部控制理论与实践的历史发展的梳理和阐述，揭示了企业内部控制产生和发展的内在动因和外部推动力，从审计的角度来分析内部控制审计的各种理论观点，并从企业经营发展的需要来分析内部控制审计的发展变化趋势，为内部控制审计的实践和发展奠定扎实的理论基础和依据。

第二，对以美国为代表的国际上主要发达国家的经验、做法进行研究，为我国开展内部控制审计提供经验借鉴。笔者针对国际上发达国家，以美国和日本为代表，深入研究了内部控制及内部控制审计的发展历程，并针对他们的实践经验、准则改进和未来发展趋势进行研究分析，为我国开展内部控制审计提供有益借鉴和帮助。

第三，针对我国刚刚开始实施内部控制的现状和问题，进行调查问卷和访谈，直接证实了我国目前实施内部控制审计存在着诸多问题和挑战。由于各种原因，包括认识上的不统一、政策的不配套、人才的培养准备等，我国虽然在2008年就发布了基本规范，但直到2011年才开始进行内部控制审计。2011年作为实施内部控制审计的第一年，必然会存在不少问题、困难和挑战，通过调查问卷和访谈，笔者对这些问题进行了归纳、总结和分析，并分析了存在这些问题的原因，提出了相应的解决对策和建议，其中最主要的解决途径就是采用整合审计流程，完善审计报告。

第四，针对财务报告内部控制审计和财务报表审计，进行整合审计研究。本书从理论上阐述了对财务报告内部控制和财务报表进行整合审计的必要性和可行性、两种审计的整合点和不同点，探讨了自上而下的审计方法等内容。通过整合审计流程，将静态的报表审计和动态的财务报告内部控制审计相结合，共同致力于提高财务报告的真实性可靠性，提高报告使用者的信心，奠定资本市场健康发展的良好基石。

第五，2011年是实施内部控制审计的第一年，如何正确恰当地出具审计报告是最核心、最关键的问题，必然影响到内部控制审计在我国的顺利开展。内部控制审计报告是内部控制审计的最终成果，本书在分析探讨审计报告的要素、内容、适用条件的基础上，提出了完善审计报告的模板选择，提供了一份整合审计报告模板，将财务报表审计报告和财务报告内部控制审计报告整合为一份审计报告；并对“非财务报告内部控制重大缺陷”描述段的应用进行了案例阐述，填补了我国内部控制审计指引的这块空白。另外，本文还对如何开展整合审计和出具全面内部控制审计报告进行了案例分析阐述。

在上述主要研究和创新的基础上，本书从管理学理论中价值链管理的角度，结合内部控制的五大目标，提出了价值导向的全面内部控制审计的未来发展方向。本书指出，全面内控审计的未来发展方向应该是包含防范和化解风险的价值导向的全面内控审计，主要目的在于帮助企业提高经营的效率与效果，避免和减少损失浪费，提高经营的效率和效果，促进企业的可持续健康发展，而不仅仅是目前所倡导的风险导向内控审计。这种价值导向的全面内部控制审计目标与内部控制的目标也是一致的，体现了全面内部控制的管理学属性，促进企业持续健康发展。

为了促进内部控制审计在我国的顺利开展，笔者提出如下具体对策和建议：一是分别针对政府相关部门、主管部门财政部、行业协会、会计师事务所、注册会计师，提出了改进和完善的政策建议，以更好地指导我国的内部控制审计业务的开展。二是为了保障全面内部控制审计业务的顺利开展，政府有关部门及司法部门应该注重保护注册会计师的合法利益，明确区分管理责任和审计责任，并尽可能减轻注册会计师开展全面内控审计的责任。三是进一步完善内控审计准则和应用指南，建议将内部控制缺陷由三类简化为两类，即取消重要缺陷，只保留重大缺陷和一般缺陷，避免实务操作中的界定困难。四是针对内部控制可能存在重大缺陷的迹象，笔者增加了四条定性标准，以更好地指导注册会计师的审计实践。

目　录

图表索引

图索引

表索引

绪 论

1.1 选题背景及意义

1.1.1 选题背景

内部控制的基本思想产生于18世纪产业革命后期，随着经济社会的发展，其重要性日益凸显，目前已经成为国内外经济、管理领域内最热门的课题之一。2001年以来，在美国连续爆发的安然、世通和施乐等公司的财务舞弊丑闻，震惊了全世界；这些财务舞弊事件都有一些共同的特征，其中最主要的就是内部控制存在重大缺陷，这也是导致企业经营失败，亏损严重的重要原因，为了掩人耳目，管理层不得不进行会计舞弊，欺骗监管机构、广大投资者和社会公众。这些事件的发生暴露了美国大型上市公司内部控制体系的严重缺陷，美国政府和监管机构及时应对，美国国会在2002年出台了《萨班斯-奥克斯利法案》。该法案强化了财务报告内部控制有效性和对公司治理层、管理层责任的规定，明确要求注册会计师对财务报告内部控制进行审计，从此内部控制审计成为美国注册会计师的一项法定业务，对世界各国的审计职业界产生重大影响。

从我国的现实情况看，不少企业内部管理混乱、内部控制薄弱、潜在风险严重，导致经营亏损、资产损失，甚至管理层营私舞弊、违法乱纪等十分严重的后果。我国上市公司频频出现内控失效和财务舞弊事件，从郑百文、中航油新加坡、四川长虹、科龙事件、三鹿集团奶粉案件等，到最近发生的绿大地、紫鑫药业等上市公司财务造假案件、河南双汇发生的瘦肉精事件，无不显示了我国企业在公司治理和内部控制方面存在重大缺陷。特别是2010年以来，不少中国在美国上市公司遭遇被做空、被监管机构调查和处罚，集体诉讼、集体退市事件，以及2012年在香港发生的多起审计师辞任民营上市公司事件，严重影响了中国企业在国际资本市场的形象和声誉。发生这些事件的公司都存在一个共同的问题，那就是内部控制存在重大缺陷和薄弱环节。企业内部控制作为公司治理的关键环节和经营管理的重要举措，对于防止、发现、抑制和纠正财务舞弊和会计造假案件的发生具有十分重要的作用。为此，建立健全内部控制制度，有效控制各类风险，已成为各类企业从领导者到全体员工的首要任务之一。

2008年5月财政部等五部委联合发布了《企业内部控制基本规范》(以下简称《基本规范》)，在2010年4月26日，五部委再次联合下发了《企业内部控制配套指引》(以下简称《配套指引》)，《基本规范》和《配套指引》的下发让全世界同行惊异。2010年4月26日，财政部副部长王军在新闻发布会上指出，企业内部控制配套指引的制定和发布，标志着我国企业内部控制规范体系建设目标基本实现，内部控制规范体系已经基本建立。这套内控体系与发达国家内部控制体系实质趋同，但又符合我国实际情况，这是继我国企业会计、审计准则体系实现国际趋同并有效实施之后的又一项重大系统工程，也是我国政府经济主管部门共同努力、认真贯彻落实科学发展观、服务经济社会发展的重大举措之一。

财政部等五部委发布的内控规范和指引对于建立和完善企业的公司治理、内部控制、审计等工作有什么深远影响？如何借鉴国际的内控经验和做法（如萨班斯法案Sarbanes - Oxley Act，以下简称“SOX法案”等），都是企业和审计实务界应该及时了解和掌握的重点内容。注册会计师作为独立第三方的专业审计，对于保证财务报告的真实可靠，赢得报告使用者的认可，评价企业内部控制建立健全程度和风险抵御能力，寻找内部控制薄弱环节，提出加强内控建设的措施，以防范和化解各类经营风险，提高经营管理水平，具有非常重要的作用和意义。

现代审计发展到今天，内部控制审计已经走进与财务报表审计并重的新时代，两类审计具有一个共同的目标，即共同致力于增强财务报告及相关信息的真实可靠性，满足报告使用者对高质量财务信息的需求。因此，开展内部控制审计研究具有非常重要的现实和深远意义，这也是审计理论和实务发展的一次飞跃。

1.1.2 研究意义

为了规范、指导注册会计师执行企业内部控制审计业务，《配套指引》中的《企业内部控制审计指引》的发布，要求我国注册会计师内部控制审计业务将从 2011 年度开始逐步推行。由于这是一项新兴的审计实务，无论是国外还是国内，针对企业内部控制审计的理论研究还比较少且比较零星，滞后于审计实务发展的需要，尚未形成系统的理论。因此，开展注册会计师对企业内部控制审计的理论研究，对于指导实务工作的开展，解决实务中碰到的困难和疑惑，进一步完善我国的内部控制审计指引和应用指南，是一个迫切的需要，具有现实和长远的意义。

（1）可以促进内部控制审计理论的发展和完善

理论研究来源于实践，并反过来指导实践，服务实践。审计实践的发展离不开理论的指导，目前，从国内外来看，针对内部控制审计的理论研究滞后于企业实务的发展变化，特别是针对全面内部控制的审计实践研究在国际上还十分缺乏。因此，开展对内部控制审计的相关理论研究，可以丰富会计审计理论，拓展人们对内部控制及审计理论的认识，纠正认识上的偏差和误解，有利于完善内部控制审计的概念框架，促进我国审计理论向前发展。

（2）对指导注册会计师的审计实务有借鉴意义

按照基本规范和审计指引开展内部控制审计，在我国审计职业界还是一项全新的业务，如何进行有效的整合审计，如何开展全面内部控制审计，基本规范和审计指引在执行中面临的问题和挑战，都需要在审计实践中加以检验，不断地完善。本书将结合审计实务案例，通过实地访谈和问卷调查，用鲜活的实践和案例来检验审计指引，阐述如何应用审计指引的一些重大现实问题，对指导注册会计师的审计业务有借鉴意义。

（3）对完善我国的内部控制审计准则体系和国际内部控制审计准则有参考意义

本书将在实务经验的基础上，通过案例、实地访谈和问卷调查，发现在应用审计指引中存在的一些具体问题，希望能提出完善审计指引的建议，有利于完善我国的内控审计准则和审计准则体系，促进我国审计准则的持续趋同，对指导新兴加转轨国家的审计准则建设和实施具有参考意义。

1.2 文献综述

1.2.1 国外研究综述

笔者通过 PQDT、ABI/INFORM、SSRN 数据库对截至 2010 年 12 月份的文献进行检索，检索结果如下：在所检索到的文献中大多数都是研究内部控制以及与审计交叉相关问题的，没有专门研究内部控制审计的博士论文；检索到的均为与内部控制有关的文献，几乎没有和内部控制审计相关的文献，财务报表和内部控制整合审计的文献没有检索到。通过分类统计，国外关于这方面的研究主要分为以下几类：

（1）关于内部控制方面的研究

这部分的研究比较多，其中比较有影响的有：Inzerilli（1983）

将组织控制分为外部控制和内部控制，他认为外部控制对社会文化因素不敏感，而内部控制对社会文化因素比较敏感。Maijoor（2000）从审计学、组织理论和经济学视角三个方面对内部控制进行跨学科研究。Rob Gray（2002）用跨学科的视角进行研究，认为财务会计本质上是一个社会和环境的会计，他的观点对研究企业内部控制系统带来很多有益的启示。

（2）针对内部控制评价与财务报告内部控制审计定义方面的研究

关于内部控制评价的研究，基本上都是把内部控制评价作为财务报表审计的一个组成部分，研究如何运用内部控制评价的结果，来影响和设计实质性审计程序，确定实质性审计程序的性质、时间安排和范围。Mautz 和 Mini（1966）研究分析了注册会计师如何利用专业判断的结果来评价内部控制及其影响，以减少实质性审计程序的工作量，提高审计效率和效果；Kenneth A. Smith（1972）研究了内部控制评价结果与审计抽样的样本量之间的关系，内部控制评价结果满意，则可以减少审计抽样的样本量，反之则需要增加抽样的样本量；Barry E. Cushing（1974）设计了数学模型，从实证分析的角度来研究、分析、评价内部控制系统；Meservy 和 Bailey（1986）运用、设计了计算审计程序作为内部控制评价的主要方法；Purisvs（1989）采用实验方法研究比较了问卷调查式、流程图式、文字叙述式三种内部控制评价方法的效果及差异。

第一次正式提出财务报告内部控制审计定义的是 PCAOB 于 2004 年发布的 AS2 准则。根据该准则的定义，财务报告内部控制审计，是指注册会计师接受委托，对被审计单位管理层针对特定日期财务报告内部控制有效性的评估报告进行审计，并发表审计意见。

（3）关于财务报告内部控制审计准则方面的研究

美国 SOX 法案颁布之后，PCAOB 于 2004 年发布了 AS2，要求审计人员在进行财务报表审计时，也要对财务报告内部控制进行审计。准则发布后，引起了众多学者和实务界的密切关注，Michael S. Goldstein 和 Linda L. Griggs（2004）研究了 AS2 的有关问题，总结认为 AS2 准则中要求审计人员进行财务报告内部控制审计的目标是基于管理层对内部控制有效性的评估发表审计意见，准则要求审计师针对公司的内部控制形成自己的意见，而不能仅仅依赖管理层对内部控制的评估过程和结论。Jack W. Pauk、Goldberg 和 Koegel 等人主要介绍了财务报告内部控制审计中对管理层和审计师责任的区别，内控审计中的测试、缺陷评价，审计报告及其修订建议等。Gopal V. Krishnan 等人研究了在执行 AS2 准则后，针对审计人员在内部控制审计报告中加强内控缺陷治理方面所起到的作用，认为审计报告缺少针对公司内控缺陷而进行治理完善的控制，建议应针对审计报告披露的内控薄弱环节加强治理。Patrick O Brien 研究调查已执行 SOX 法案一年时间的公司，研究结论认为遵循 404 条款的成本过高。

这一阶段美国关于财务报告内部控制审计的研究主要集中在执行审计的成本、审计程序和审计方法方面，一些大型事务所和注册会计师则针对调查问卷得出一些研究结论。这些研究推动了 PCAOB 对 AS2 进行修订，出台了 AS5，替代了 AS2，有利于审计师采用更有效的审计程序和方法，降低审计成本和公司费用，推动审计准则更好的贯彻实施。

（4）执行内部控制审计后的相关问题研究

①针对财务报告内部控制审计报告信息特征的研究主要有：Bryan（2005）研究发现，披露重大缺陷（实质性漏洞）的公司通常规模较小、业务发展不好、盈利能力较差、经营风险较高。Mcvay（2005）研究披露了至少一个重大缺陷的 261 家公司，结果发现重大缺陷通常与会计控制不能充分利用和分配资源有关，而与公司的规模大小、盈利能力强弱无关。Ogneva（2006）研究了公司权益资本与重大缺陷（实质性漏洞）之间的关系，结果发现，披露重大缺陷的公司资本成本相对较高。Doyle（200）通过研究得出如

下结论，那些成立时间短、规模较小、发展速度快、业务相对复杂，而财务状况却较差的公司存在重大缺陷的概率更大。Leone（2007）研究了在年报中披露了内部控制缺陷的上市公司后认为，组织结构的复杂化和报告期内组织结构的重要变化是影响披露的重要因素之一。Thomas J. Lopez，Yi jing Wu 等（2006）的研究认为，AS2 准则中所要求的“审计师基于管理层对内部控制有效性的评估发表审计意见”是向报告使用者传递非价值相关的信息。这个发现很有意义，在后来 AS5 取代 AS2 时，准则就取消了针对管理层内控评价进行审计的要求。

②关于审计方法和成本方面的研究。Richard A. turpen（2004）研究表明，大部分审计师认为穿行测试是了解业务流程的关键，也是执行控制测试时很有必要的一个审计程序。PCAOB 也认同穿行测试是一个基本的审计程序，在内部控制审计时必须执行，修订后的 AS5 也强调了该程序在内控审计中的重要作用。Raghunandan K & Rama D（2006）研究了审计费用与内部控制披露之间的关系，结果表明，在 2004 年度报告中披露了重大缺陷的公司审计费用比没有披露的公司高 43%，然而 2003 年度的审计费用与内控重大缺陷的披露却不相关；同时还发现，审计费用与重大缺陷的联系并不取决于缺陷的类型。Mitch Deacon（2008）的研究认为 SOX 法案将会使小型上市公司受到该法案的冲击，但没有明确表明将会受到何种冲击以及冲击程度。SEC 针对小型上市公司或市值低于 7500 万美元公司的遵循成本进行了研究，结果表明需要针对小型公司另行设计有针对性的、简化的内控审计准则。

1.2.2 国内研究综述

（1）针对企业内部控制方面的研究

我国学者针对内部控制的研究只有近 20 年的历史。在内部控制方式上，主要是把内部控制同公司治理结合起来研究。古淑萍（2000）从内部控制与公司治理的概念、内涵、相互关系，剖析了我国企业内部控制与公司治理的现状和存在的问题，提出了完善内部控制与公司治理的思路和建议，包括：完善公司治理结构；完善董事会和监事会的工作制度，加强董事会的规范运作，提高监事会的监督水平和能力；制定适合企业实际情况的各项内部控制制度，特别是财务管理制度以及具体实施细则、操作规程、作业程序等，明确控制和考核标准，加强监督和考核，督促员工严格执行各项管理制度和规定，实现经营目标。冯均科（2001）从产权结构的视角研究内部控制的效率，研究认为不同产权结构下的内部控制具有不同的效率。因此，应针对不同的产权结构，改善公司治理结构，设计有针对性和差异化的内部控制制度，以提高内部控制效率。杨有红、胡燕（2004）认为，要克服内部控制的固有局限性，要通过加强公司治理与内部控制的对接来解决，公司治理的创新是实施对接的主要办法，公司治理的创新主要包括如下内容：从构建公司治理机制的角度确立董事会在内控建设中的核心地位；切实发挥监事会的作用，建立反向监督机制，为内部控制制度的实施保驾护航，提供保证；在公司治理规范中必须对内部控制的构建提出基本要求。

近年来，一些学者从系统论的视角和方法探讨内部控制问题。如谷祺、张湘洲（2003）探讨了内部控制系统的三种控制机制，即制度控制、市场控制和文化控制，并分析了三者的相关关系。张宜霞（2007）从系统观和整体效率的视角研究内部控制的理论体系，提出了较为完整的内部控制概念体系，并重新界定了企业内部控制的内涵、性质和范围。杨周南、吴鑫（2007）认为内部控制是一项系统工程，提出用工程学的方法将内部控制的理论和实践相结合。

（2）基本规范颁布前关于内部控制审计方面的研究

我国关于内部控制审计的研究起步较晚，受国外关于内部控制审计研究的影响较大。但从研究论文发表的杂志情况看，在核心期刊发表的文章较少，主要发表在学术理论含量较低的财经类报刊，大部分是实务工作者的工作体会。在《基本规范》颁布之前，国内学者和实务界人士主要对内部控制评价的主体、标准、方法以及国际比较方面进行研究。

①关于评价主体方面的代表性文章主要有：潘秀丽（2001）认为，注册会计师对全面内部控制的评价超出了其专业胜任能力，应该限定为财务报告内部控制。陈海清（2002）认为内部控制评审应该作为内部审计的一项重要内容，内审人员和注册会计师是评审的两个主体，而且内审人员更有优势。何凤平、吴军（2005）从管理层的内部自我评价和注册会计师的外部独立评价，来分别研究不同主体对上市公司内部控制的两种主要评价方式。

②关于评价标准方面的代表性文章主要有：朱荣恩、应唯、袁敏（2003）提出应尽快建立一套完整的、公认的内部控制标准，为管理层进行内部控制评价提供指南。陈关亭、杨芳（2003）通过对上市公司内部控制报告的调查研究，提出我国应尽快制定内部控制评价标准，引入独立第三方评价，并强制要求上市公司披露内部控制报告。高一斌等（2005）研究认为，对内部控制有效性的评价应着手解决如下问题：评价主体、评价对象、评价标准、评价结果的利用等。一些学者如王展翔、张龙平、陈作习、王涛、毛敏、张宜霞、谢盛纹等人借鉴国际上其他国家的做法，针对如何建立我国的内控评价标准，分别从各个角度提出了自己的看法和建议。

③关于评价方法方面的代表性文章有：周春喜（2002）利用层次分析法建立了关于内部控制的多层次评价指标体系，讨论了模糊综合数学模型。何恩良（2003）认为，内控评价有定性和定量两种方法。陈汉文（2008）、张宜霞（2009）认为应当采取风险基础的评价方法。张龙平、陈作习（2009）详细分析了模糊评价法和自我评价法。

④关于内部控制审核。在这一阶段，理论界和实务对内部控制的评价基本都采用审核的方式。朱锦余（2002）研究了美、中、澳三国内部控制审核报告的结构与内容，并进行了比较分析。潘利中（2003）认为内控审核是注册会计师的一项鉴证业务，阐述了内控审核的计划、实施和报告三阶段的主要工作。张刚、周云鹏

(2004) 建议所有的上市公司均应执行内部控制审核报告。吴文军、肖强、袁文龙等人针对内部控制审核与财务报表审计之间的关系进行了研究论述，从不同的角度分析了两者之间的联系与区别。

总之，我国的学者对内部控制评价的主体、标准、方法等内容进行了探讨，但尚未形成公认的体系。

(3) 基本规范颁布后关于内部控制审计方面的研究

在2008年财政部颁布《基本规范》以来，研究迅速发展。《基本规范》明确了内部控制审计业务作为注册会计师的一项新兴的鉴证业务，因而许多学者从理论和实务操作方面进行了探讨。

①内控审计理论方面。代表性文献有：张龙平、陈作习(2008) 针对财务报告内部控制审计的研究进行了综述，回顾和总结了国外内部控制审计形成的各个阶段，重点研究了SOX法案之前和之后的主要变化以及我国学者的研究内容。施先旺 (2008) 主要从内部控制理论内在发展逻辑的角度，将内部控制理论划分为萌芽、形成和发展三个阶段，提出建立我国内控制度的几点启示和建议。谢晓燕、张龙平则从审计视角对内部控制的术语进行了定义，探讨了内控理论及实践的历史演进，分为六个阶段进行阐述，论证了内部控制审计制度产生的意义。曾妮 (2009) 详细分析了财务报告内部控制审计的目标，认为是对公司某个时点的财务报告内部控制有效性发表意见。

②内控审计方法方面。对于新的内部控制审计业务，应该采用什么样的方法，代表性文献有：谢盛纹 (2007) 认为应重视风险评估的作用，采用自上而下的审计方法。张龙平、陈作习 (2009) 深入研究了以风险导向审计思路，以及自上而下的审计方法。王淑娴(2009) 提出穿行测试在内控审计中的必要性。

③内控审计程序方面。我国学者没有系统地研究过针对内控审计的流程与程序，代表性文献有：李荣 (2007) 指出实施内部控制审计应有的程序为：审计计划、选择控制点、控制测试、评价控制缺陷、汇总审计工作、审计报告。吴益兵 (2007) 主要针对管理层

如何开展内部控制评价进行研究，试图建立一个较为细化的流程，具体分为七个步骤来完成。戴伟娟（2009）从实务的角度详细介绍了内控审核的三个阶段：审计计划、审计实施和审计报告阶段。

④内控审计准则方面。在 SOX 法案颁布之后，对内控审计准则的研究基本集中在 PCAOB 颁布的 AS2 和 AS5 号准则的应用研究方面，以及对日本内控审计准则的研究。一些学者在进行国际分析比较后，分别从各自的角度对我国制定内部控制审计准则提出建议。陈汉文、李荣（2007）经过分析比较后，指出美国 AS5 号和 AS2 号准则的最新变化及其核心内容和意义，提出制定我国内控审计准则的启示和建议。张笠（2007）也介绍了美国内部控制审计准则的最新发展与启示。阚京华、曹俊（2008）比较了美国 PCAOB 5 号准则与 2 号准则的变化，有助于外部审计师在审计资源分配和方法上进行改变，以完成内部控制审计。顾奋玲（2009）从内部控制的基本框架，财务报告内部控制的评价，财务报告内部控制的审计三个方面，详细阐述了日本内部控制评价准则的主要内容，提出制定了对我国内部控制审计准则的启示和建议。谢盛纹（2009）阐述了美国内部控制审计准则在实施过程中存在的几个问题以及对我们的启示。

⑤内部控制审计和财务报表审计两者关系的研究。经过文献梳理，笔者发现我国学者研究内部控制审核和财务报表审计两者关系的较多，而研究内部控制审计和财务报表审计如何进行整合审计的较少，但在 2009 年以后逐渐增多，其中代表性文献有：毛敏（2006）通过研究美国财务报告内部控制审计准则，指出 PCAOB 发布的 AS2 提出了整合审计模式，即通过单独并行的审计过程来同时实现两种审计目标。陈汉文、李荣（2007）关注美国 PCAOB 发布的 AS2 进行修改的变化，研究了财务呈报内部控制审计准则的国际发展以及与财务报表审计的关系。谢晓燕、张心灵（2009）借鉴美国财务报告内部控制审计准则的变化，通过对内部控制审计与财务报表审计两者关联关系的比较研究，指出我国制定内部控制审计准则应采用整合审计并提出了相关建议。张龙平、陈作习（2009）对

财务报告内部控制审计与财务报表审计进行了整合研究，在分析了两者整合的必要性和可行性基础上，具体从审计目标、审计方法、审计计划、证据收集等方面对两者的整合进行了研究。裘宗舜、周洁（2009）对财务报告内部控制审计和财务报表审计进行比较分析，指出了两者的区别与联系。李明辉、张艳（2010）对我国上市公司内部控制审计若干问题进行了探讨，指出了内部控制审计和财务报表审计的关系，并对形成我国内部控制审计指引提出了建议。杨志国（2010）结合主持研究和起草《企业内部控制审计指引》的经历，指出了制定和实施指引的几个重大问题，特别解释了在指引具体实施过程中，注册会计师应注意的一些问题，具有较强的操作性和现实意义。

⑥截至2010年年底，唯一一篇专门研究企业内部控制审计的博士论文是谢晓燕2010年度撰写的《企业内部控制审计研究——构建内部控制审计目标实施机制》，该文在对国内外内部控制审计相关文献及其发展历程进行研究的基础上，对内部控制审计进行理论认证，得出了实现内部控制审计目标的机制主要包括：制定适当的审计标准，设计合理的审计流程，采用整合审计策略。该文构建了内部控制审计的概念框架，定义了广义和狭义的内部控制：广义内部控制与基本规范的内部控制定义一致，狭义的内部控制是指为了保证财务报告真实可靠的内部控制。该文针对狭义内部控制目标对整合审计方法进行了具体阐述，并举例进行说明；最后该文对调查问卷的结果进行描述性统计分析，来佐证其研究结论，并对完善我国内控审计准则提出了一些建议。

1.2.3 文献评述

（1）国际研究

通过对上述文献和研究的梳理，我们发现国际方面的研究分为两个阶段：在SOX发布之前，主要是针对内部控制、内部控制评价与财务报告内部控制审计定义的研究；在SOX颁布之后，主要是针对审计方法和成本方面的研究，包括 AS2 和 AS5 号准则执行方面的影响和相关问题。

（2）国内研究

国内方面的研究也大体分为两个阶段：在财政部《基本规范》颁布之前，基本上都集中于对内部控制评价（审核）主体、方法、标准、国际比较方面进行探讨，但尚未形成公认的统一体系；在《基本规范》颁布后，主要增加了对于财务报表审计和财务报告内部控制审计的关系研究，整合审计理念和方法被理论和实务界广泛接受，也包括对内部控制审计理论、方法、程序、准则方面的研究。在 2010 年财政部、中注协发布了《企业内部控制审计指引》之后，形成了正式的审计标准体系，但对于在具体审计实践中如何进行整合审计、成本和效率的考虑、整合审计存在的问题、非财务报告的内部控制重大缺陷以及全面内部控制审计的研究还基本没有，处于空白地带。

1.3　研究思路与研究方法

1.3.1　研究思路

第一，通过查阅文献、网络搜索、报刊阅读等方式，收集、研究国内外关于内部控制审计相关的文献，了解国内外的最新研究结果与动向。

第二，了解企业内部控制在国际上及我国的历史、发展与现状。重点研究美国 SOX 法案的出台与发展变化，特别是 5 号准则是如何规定的，为什么会在短短 3 年时间内，关于内部控制的审计准则由 2 号修改为 5 号。另外，结合日本等国家对内部控制的实践经验与做法，重点突出日本与美国的异同点。

第三，研究审计的历史、发展与现状，从查错防弊的账项审计—制度基础审计—现代风险导向审计，同时结合美国 SOX 法案的出台与实践，理解内部控制审计的历史发展历程和风险导向审计理念在内部控制审计中的体现和应用，即自上而下审计方法的来源。

第四，针对我国内部控制基本规范和审计指引，研究内部控制审计在我国的实际应用问题。理解我国基本规范和审计指引的特点，在借鉴美国及国际经验基础上与我国具体国情的结合，既有借鉴，又有创新和突破。在这种情况下，我国的内部控制审计应如何进行？如何在把握指引精神的前提下，结合企业实际，应用到审计实践中去？同时对实践中存在的困难和挑战，提出改进建议。

1.3.2 研究方法

总体来讲，本书采用规范研究和实证研究相结合的研究方法。由于审计是一门社会科学，注重定性研究，运用规范研究是审计研究的传统方法。本方通过规范研究方法，运用经济学、管理学和审计学的内部控制和审计理论，对内部控制及审计理论的发展历程进行阐述分析，归纳和阐述内部控制审计的理论、概念、审计方法、产生的背景和现状等基本理论内容。运用比较和推理分析的研究方法，阐述我国内部控制标准体系（包括基本规范、应用、评价、审计指引）的建立，整合审计方法，设计审计流程，制定审计策略等理论论证内容。规范研究的数据和资料收集主要是通过进行大量文献检索，通过中国期刊网以及相关英文网站、数据库获取已有的研究成果；还通过报刊、行业及单位内部资料来收集研究成果和案例资料。实证研究主要运用案例研究、问卷调查、实地访谈的方法来收集数据，用描述性统计方法来佐证相关论点。

1.4 研究内容与框架

1.4.1 研究内容

第 1 章，绪论。概要介绍本书的选题背景和研究意义，国内外文献综述，研究思路与方法，研究的主要内容和框架，以及主要创新点和不足之处。

第 2 章，内部控制审计的理论基础。本章从控制论、系统论出发，对企业内部控制理论进行阐述，揭示企业内部控制产生和发展的内在动因和外部推动力；通过对审计理论的分析，阐述了审计及注册会计师审计的定义和内涵等。本章从审计视角来探讨内部控制理论，包括两点论、三点论、五点论、八点论等六个理论。另外，从管理视角的内部控制理论认为，随着经济社会的发展，内部控制要逐步向管理靠拢，成为管理的工具和手段，内部控制需要从财务报告导向—风险导向—价值创造导向转型。

本章还从理论层面分析了整合审计策略（方式）的必要性、可行性、整合点和审计思路以及审计范围、审计责任、审计基准日等问题，为具体的审计实践指明方向和目标。

第 3 章，内部控制审计的国际发展历程及经验。本章主要从实践方面阐述了国际上发达国家内部控制的发展历程、主要经验、做法和未来发展趋势。本章分析了注册会计师审计方法与实践在国际上主要发达国家的历史演进过程，从传统的账项审计—制度基础审计—风险导向审计，到现在的内部控制审计，并针对内部控制审计和财务报表审计的实践，分析了内部控制审计的方法，即风险导向审计策略和自上而下的审计方法。

本章也介绍了美国内部控制审计的历史发展过程，日本内部控制的实践与经验，以及日美内部控制准则框架的比较；美日两国开展内部控制建设和审计的主要经验、做法和未来发展趋势；美国注册会计师行业在实施整合审计过程中发现的问题和改进，为我国开展内部控制审计提供有益的经验借鉴。

第 4 章，内部控制审计在我国的发展历程、现状及存在的问题。本章介绍了我国审计产生和发展的历程，重点是我国注册会计师审计产生和发展的过程；本章还通过对我国企业内部控制实践发展过程的梳理，阐述了我国先后出台的企业内部控制相关法规制度，以及最终出台企业内部控制规范体系的发展历程，重点介绍了我国企业内部控制规范体系及其主要内容、创新和突破。针对内部控制审计，通过对我国 2011 年度会计师事务所开展内部控制审计的审计费用分析，2011 年度内部控制审计报告分析以及调查问卷和访谈，分析了我国目前开展整合审计的现状、存在的问题和面临的挑战及主要原因分析。

第 5 章，整合视角的内部控制审计流程。针对整合审计的内部控制审计流程进行具体说明，从审计计划、审计实施、评价控制缺陷三个阶段进行阐述。本章讨论了内控审计结果对财务报表审计的影响，主要是财务报表审计如何利用内部控制审计的结果，来提高财务报表审计的效率和效果。

第 6 章，整合视角的内部控制审计报告。本章阐述了审计完成阶段的主要工作，内部控制审计报告的四种意见类型及其应用条件，并对非财务报告内部控制重大缺陷描述段进行举例说明。另外，针对财务报表审计和财务报告内部控制审计，提供一份整合审计报告模板。

第 7 章，全面内部控制审计案例分析。以 M 有限公司为例，基于整合审计的方式，采取自上而下的审计方法，对全面内部控制审计流程进行说明，并提供一份详式全面的内控审计报告模板。本章指出全面内部控制审计业务的未来发展方向应该是价值导向的专家服务业务，审计的主要目的在于帮助企业提高经营的效率与效果，防范和控制风险，避免或减少损失，促进企业的可持续健康发展；并针对全面内部控制审计面临的挑战及未来发展方向提出了改进的措施和建议。

第 8 章，研究结论、建议和展望。本书的主要结论、建议和未来展望。

1.4.2 研究框架

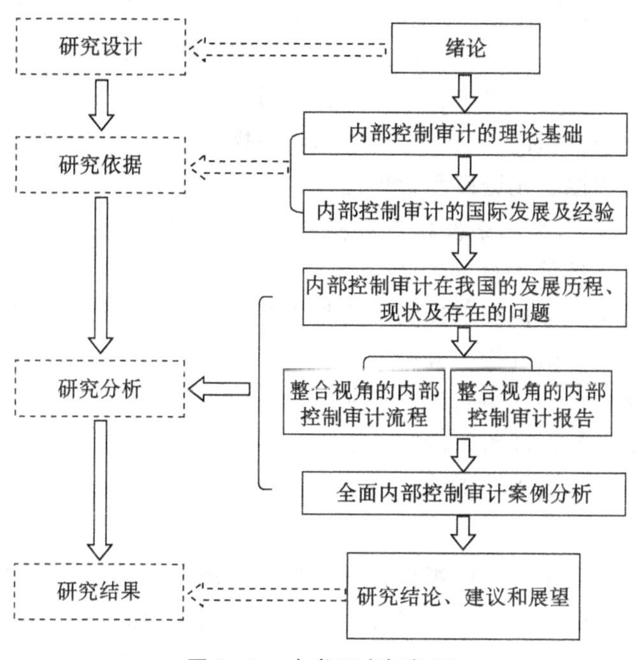

图1-1 本书研究框架图

1.5 主要创新点

1.5.1 本书的主要创新点

（1）提供了一份整合审计报告模板，将财务报表审计报告和财务报告内部控制审计报告整合为一份审计报告

由于财务报告内部控制审计和财务报表审计最终目标是一致的，都是为了保证财务报告的公允反映，提高财务信息的可靠性。在法规层面也允许由同一家事务所来执行这两种审计；在审计程序

方面可以进行整合审计，审计程序基本相同或相似，审计工作底稿可以共享。从报告使用者的角度出发，提供一份整合的审计报告，将被审计单位财务报表审计、财务报告内部控制审计的信息在一份报告中反映，有利于报告使用者的阅读和理解，能为报告使用者提供更加决策有用、决策相关的信息。因此，整合审计报告与单独的两份审计报告相比，从理论研究和实务操作方面有较大的进步，有一定的科学性、先进性和合理性。

（2）对“非财务报告内部控制重大缺陷”描述段的应用进行举例说明，提供了相应的模板

本书将内部控制审计的理论与实践有机结合，对完善内控审计准则和应用指南进行了分析阐述，对“非财务报告内部控制重大缺陷”描述段的应用进行了案例阐述，提供了五份报告样板，填补了目前内部控制审计指引的一块空白。

（3）从管理学的视角，提出价值导向的全面内部控制审计未来发展方向

本书跳出审计学的视角，从管理学的视角、从价值链管理的角度，结合内部控制的五大目标，提出了价值导向的全面内部控制审计的未来发展方向。本书指出，全面内控审计的未来发展方向应该是包含防范和化解风险的价值导向的全面内控审计，主要目的在于帮助企业提高经营的效率与效果，避免和减少损失浪费，促进企业的可持续健康发展，实现战略目标，而不仅仅是目前所倡导的风险导向内控审计。这种价值导向的全面内部控制审计目标与内部控制的目标也是一致的，反映了全面内部控制的管理学属性，体现了促进企业持续健康发展的根本目标和要求。

1.5.2 不足

首先，内部控制的强制性外部审计在我国还刚刚开始，目前仅对财务报告内部控制进行审计，2011 年是我国注册会计师开展财务报告内部控制审计的第一年，注册会计师仅对 200 多家上市公司

出具内控审计报告，可供研究的案例很少，发现实务操作中的具体问题存在一定难度，实证分析不足。

其次，针对全面内部控制审计的理论研究还非常少，仅有少数学者对这一领域进行研究，尚未建立比较成熟的理论体系，还处于探索和完善过程中。

最后，在进行问卷调查的过程中，由于问卷调查的主要对象——国内注册会计师对内部控制审计的经验较少，基本都没有按照《内部控制审计指引》出过报告，在回答问卷时，会受到主观认识的影响，对问卷调查的结论产生一定的影响。

1.6　本章小结

本章概要介绍了本书研究的选题背景和研究意义，研究思路与方法，国内外文献综述，研究的主要内容和框架，以及主要创新点。由于我国内部控制审计从 2011 年开始，缺乏可供实证分析的案例，因此本书以规范研究为主，实证研究相配合的研究方法。实证研究主要运用案例研究、问卷调查、实地访谈的方法来收集数据，用描述性统计方法来佐证相关论点。另外，本书对完善我国企业内部控制审计实践提出了一些政策建议和措施，并对发展内部控制审计理论提出了如下三个创新点：一是提供了一份整合审计报告模板，将财务报表审计报告和财务报告内部控制审计报告整合为一份审计报告。二是针对非财务报告内部控制的重大缺陷描述段，提供了五份报告进行举例说明，填补了目前我国内部控制审计指引这块空白。三是从管理学的视角，从价值链管理的角度，提出价值导向的全面内控审计的未来发展方向，而不仅仅是目前所倡导的风险导向内控审计。

第2章 内部控制审计的理论基础

内部控制审计是内部控制的管理活动和审计实践发展到一定阶段后相结合的产物，因此，我们首先要对内部控制和审计进行理论梳理，才能更好地理解内部控制审计理论和实践活动。人类从管理控制活动的实践中产生和发展了内部控制活动，并通过归纳总结上升为理论，再用来指导实践活动，这样通过实践—理论—再实践—再理论的不断完善、升华、循环反复，不断地推动内部控制理论与实践的向前发展。

内部控制的理论渊源可以从两方面进行考察，即审计学与管理学。国外的学者主要是从管理学和审计学的视角研究内部控制问题，尤其在20世纪70年代后从审计学立场研究内部控制者日盛，并且也取得了比较丰硕的研究成果。现有的内部控制理论与实务，基本内容都是作为独立审计的客观基础而存在的，本章分别从审计和管理视角对内部控制所涉及的主要概念、定义及相关理论进行界定和探讨，以期对内部控制审计实践提供指导和理论基础。

2.1 控制与内部控制

2.1.1 控制与控制论

控制是管理活动的一个组成要素，为驾驭、支配之意，直观地说，控制是指主体对客体的一种能动作用，而客体按照主体的这种作用而动作，并达到系统的预定目标。控制有两个目的：一是要维持现状，如果出现偏差，应及时采取必要的纠正措施，使系统趋于相对稳定，这是控制的基本目的；二是要打破现状，即引导系统由原有状态变到一种新的预定状态。作为管理的一项基本职能，控制是为了保证组织目标的实现，既是手段又是目的，但控制本身不是目的，它仅仅是保证目标实现的手段之一。

控制论①是 20 世纪 40 年代开始形成的一门新兴科学，根据贝塔朗菲在其著作《一般系统论：基础、发展和应用》中的定义，控制论即根据反馈原理或循环因果链提供跟踪目标和自控行为的机制。1948 年数学家罗伯特·维纳②在其著作《控制论》中阐述了控制论的基本观点，一切控制系统所共有的基本特征是信息交流和反馈过程，其控制论主要是研究复杂系统中的信息交流及其对系统行为的改善。经济控制论是将控制论的一般原理和方法应用于经济系统而形成的一门科学③，与工程控制论等相比较，经济控制论的一个重要本质特征是：人起重要作用。在经济控制论系统中，施控主体是人，施控对象是人所进行的生产经营活动，实际上就是对人的行为实施控制。

2.1.2　控制系统

控制系统由施控系统和受控系统组成。控制总是通过信息的传递来实现的。对施控系统来说，它有一个发出控制信息和接收信息并执行控制的过程。因此，施控系统可以分成两个部分：一部分是

---

① 控制论最初来源于希腊文“mberuhhtz”，原意为“掌舵术”，在古希腊哲学家柏拉图的著作中，经常用它来表示管理人的艺术。

② 罗伯特·维纳（Norbert Wiener，1894—1964）：美籍俄裔数学家，控制论的创始人之一，他用“Cybernetics”一词来命名控制论。

③ 张金水：《经济控制论——动态经济系统分析方法与应用》，清华大学出版社 2000 年版。

控制信息发出，即发控系统；另一部分是执行部分，即执行机构。执行机构直接控制受控系统的输入。根据上述分析，控制系统一般可用图 2－1 来表示。

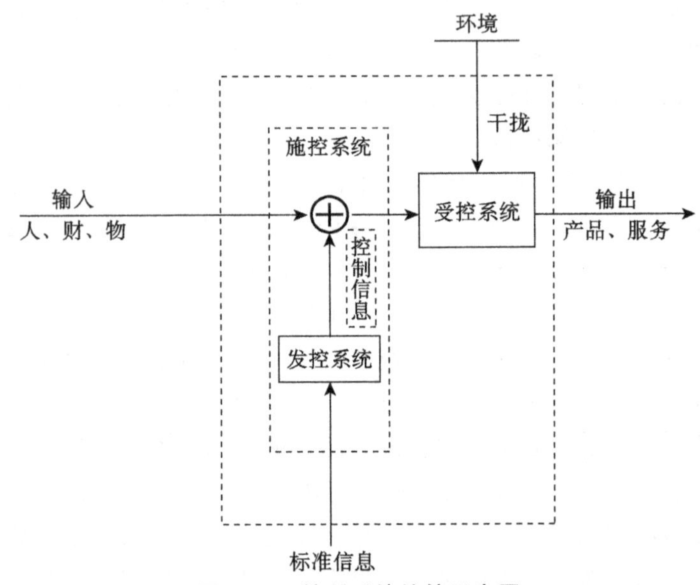

图 2－1　控制系统结转示意图

控制是由施控主体根据目标状态在受控系统的状态空间中进行一种选择，这种选择实现了使受控系统状态从无序到有序的转变。维纳认为，控制系统也是一种信息系统，从信息传递角度看，如果反映输出的信息不对输入产生影响，则控制系统是一开环系统，否则是闭环系统。由图 2－1 所示的控制系统即是一个开环系统。在实际控制中，大量存在的是闭环系统。输出对输入产生的影响作用称为反馈。存在反馈作用的控制系统称反馈控制系统。由于反馈的是信息，所以从这一点看，控制与信息是密不可分的。

从控制信息传递路径的角度来看，内部控制包含闭环系统和开环系统两种控制方式。一是闭环系统控制，也称反馈控制，即利用受控系统的输出信息来产生控制力，构成一个闭合回路。在反馈控制中，正反馈能提高输入信息的灵敏度，增强输出效果；运用在管理活动中如激励机制和措施可以提高员工工作的积极性、主动性和创造性；而负反馈会降低外界对于系统的干扰作用，增强系统的稳定性，在管理活动中加强对员工的考核与惩罚，会促使员工按照组织预定的目标去执行，减少偏差。二是开环系统控制，也称为前馈控制，是利用外部信息来发挥控制作用，不依赖控制信息的反馈结果，其信息流的流转正好与反馈过程相反。在管理实践活动中，由于获取未来信息的难度和不确定性，因而常常需要依靠闭环控制系统，通过反馈控制，形成综合控制，如在管理活动中在预算控制的基础上建立绩效考核制度等。

考虑了信息反馈后，控制系统可用图 2 – 2 来表示。

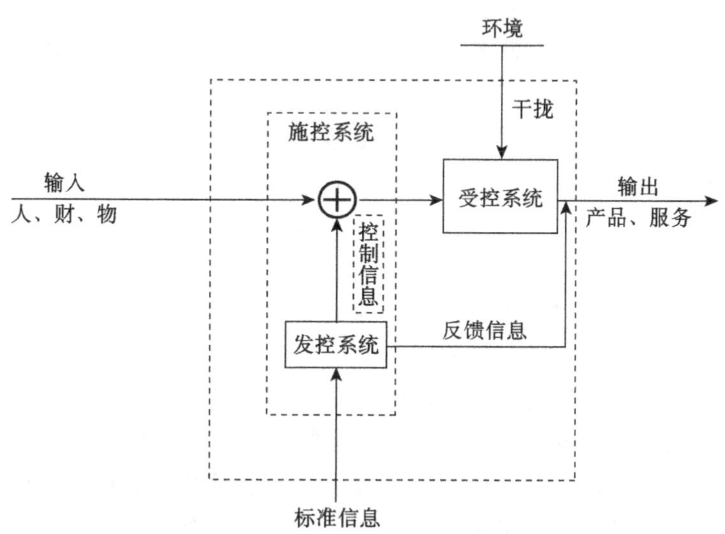

图 2 – 2　反馈控制系统结转示意图

2.1.3　内部控制

对内部控制的认识，我们可以从人类社会基本活动方面作出分析。人类社会的基本活动分为两大领域：认识世界和改造世界。在这两大活动中，均存在偏差，而偏差包括三大类型：认知不足产生的差错，努力不够产生效率差异，动机不良导致舞弊；内部控制正是为了把这三类问题控制在可接受的范围内而产生的一种制度。内部控制的本质特征是区别于外部控制或强制控制的根本，主动性和内在需求性是内部控制最为根本的特征，主体性和目标性是讨论内部控制本质的基本前提。

内部控制是运用控制论的基本原理、概念和方法来分析企业经营管理控制过程，更便于揭示和描述组织的内在运行过程和结果。内部控制属于经济控制论的一个方面，运用经济控制论的方法，来分析组织内部的经营管理过程，研究各个单位如何发挥管理功能，对管理过程进行有效的调节和控制。

从控制论的角度而言，企业内部控制的实质就是将目标实现过程中所面临的不确定性控制在合理范围和限度内的一种内在制度安排。企业内部控制制度可以描述为：股东作为最终控制主体，董事会、监事会、经营管理层、各职能部门以及全体员工作为不同层级的控制主体，通过相互之间的信息交流与沟通，使整个组织系统朝着企业战略目标运行的各种规范的总和，它包括公司治理层次和管理制度层次两个层次。现代公司治理中所有权与经营权的分离反映了一种契约控制权的制度安排，为了降低代理成本和道德风险，避免逆向选择和内部人控制问题，要求公司治理机制体现出股东、董事会、监事会、经营管理层之间的责权利关系，建立相互牵制、相互制约的治理机制，这就是企业内控制度的第一层次。企业管理当局为了实现公司经营目标而建立起一系列的政策、规章、制度、程序和措施等等，构成了企业内控制度的第二层次。

在企业内控制度的不同层次中，通过对内控总目标的分解，形成一个分层次、多职能的内控制度系统。在总目标的统领下，每个子系统又有若干个分目标或子目标，并按各自目标进行最优控制；整个系统通过协调、管理子系统的运行来实现系统目标，上级控制、协调下一级的活动，但不越级控制，只有最下级的子系统才直接控制系统的具体运行。

2.2 审计及相关理论

2.2.1 审计的定义和相关理论

中国审计学会于1995年对审计进行了重新定义如下：审计是独立检查会计账目，监督财政、财务收支真实、合法、效益的行为。这个定义是从国家审计的角度进行的规定。

美国会计学会（American Accounting Association，简称AAA）审计基本概念委员会于1973年发表的《基本审计概念说明》（A Statement of Basic Auditing Concepts），考虑了审计的过程和目标，将审计定义为：审计是一个系统化过程，即通过客观地获取和评价有关经济活动与经济事项认定的证据，以证实这些认定与既定标准的符合程度，并将认定结果传达给有关使用者。

美国注册会计师协会（AICPA）在《审计准则公告第一号》中，给审计下了一个较为狭义的定义："独立人员对财务报表加以检查，搜集必要证据。其目的是对这些报表是否按照公认会计原则公允地反映财务状况、经营成果和财务状况变化情况表示意见。"

上述各项定义所包括的共同含义是：

①独立性是审计监督的本质特征；

②审核检查反映经济活动的信息是审计工作的核心；

③审计对象必须明确；

④审计工作过程是收集和整理证据，以确定实际情况；

⑤审计工作必须有对照的标准和依据，才能从中引出审计结论；

⑥审计结果向各有关利害关系人报告。

我国《独立审计基本准则》关于独立审计的定义作如下表述：独立审计是指注册会计师依法接受委托，对被审计单位的会计报表及其相关资料进行独立审查并发表审计意见。

从20世纪50年代起，人们开始对审计作出新的理论解释和定义，其中较有影响的有信息论、保险论、代理论，下面我们分别简要地加以论述。

（1）信息论

信息论认为，委托人（股东）之所以需要审计，是因为股东可以利用已审财务信息来评价企业的市场价值，投资者可利用已审财务信息作出理性的投资决策。股份公司的兴起与发展直接导致了信息论的盛行，因为股份公司的一个基本特征是所有权与经营权的分离，作为公司所有者的股东不直接参与公司的经营管理，但要求公司管理者通过财务报表这个媒介向其报告受托履行责任。美国著名会计学家迈克尔认为，股份公司的出现，使利益相关者（主要是股东和债权人）对真实可靠财务报表的需要更为强烈，他们都需要获得与他们的投资相关的信息和资料。但是，由于公司股东与管理层处于不同的位置，存在潜在的利益冲突，股东对管理层提供的财务报表抱有怀疑，因此需要进行审查确认，以证实其可靠性。由于受自身专业能力以及空间、时间的限制，股东往往无法亲自进行审查，于是就需要聘请拥有专门技能的人员来审计，审计师职业就应运而生了。

信息论认为，审计可提高财务信息的真实可靠性，从而提升财务信息的价值，这也是各国法律和政府对财务信息审计作出强制规定的原因所在。

（2）代理论

由于现代公司治理中所有权与经营权的分离，股东委托管理层对公司进行管理，但由于股东和管理层所处的位置不同，其利益也会有所不同，导致经常发生代理人（管理层）为了自身利益最大化而损害委托人（股东）利益的情形。由此人们想到，能通过对财务报表的独立审计，加上有激励作用的报酬体系，促使管理层朝着股东利益最大化的方向努力。于是就产生了委托外部独立审计师代表股东对财务报表进行审计的需求，这就产生了审计代理论。在代理论中，对审计的需求已不是股东的单方面要求，精明的管理层也往往会主动聘请审计师进行审计，以向股东表明其作出的努力及结果的真实可靠。因此，在代理论中，对审计的需求已成为股东和管理层的共同需求，也表明审计的本质在于促进股东和管理层利益的最大化。以往研究的结果也证实了代理论的假设，即公司接受外部审计的原因在于调解管理层、股东、债权人之间的利益冲突，代理成本因素在聘请外部审计方面充当了重要角色。代理论较好地解释了在没有强制性法律规定的情况下公司自愿接受审计这一现象。

（3）保险论

保险论的产生有其深刻的历史背景。自 20 世纪 80 年代以来，审计职业界一直受到各种冲击，在美国等西方发达国家，对审计师的诉讼有“爆炸”的趋势，社会上反映出要把企业的经营风险转嫁到审计职业界的趋势，审计应成为一份分担风险的职业。社会公众有一种比较普遍的倾向性认识，即认为审计是把财务报表使用者的信息风险降低到可接受的风险水平之下的活动，并进一步认为审计是分担风险的一项工作。该理论认为，审计类似一种保险行为，可以用来减轻投资者和其他利益相关者的风险和损失。股东们为防止代理人舞弊而导致灾难性的损失，愿意支付审计费用来聘请外部审计师，这部分审计费用也被视同保险费用，同时把审计的效果视为保险价值。如果审计师失职未能发现管理层财务报表的舞弊，他们有责任向股东赔偿因失职而造成的损失，从而实现分担股东风险的目的。

2.2.2　注册会计师审计的定义和内涵

经过不断发展和完善，现在审计已经形成一套比较完备的科学体系。理论界对审计的概念进行了深入研究，1973 年美国会计学会（AAA）在《基本审计概念说明》中对审计进行了定义，很具代表性。AAA 定义审计是一个系统化过程，即通过客观地获取和评价有关经济活动与经济事项认定的证据，以证实这些认定与既定标准的符合程度，并将认定结果传达给有关使用者。

上述定义体现了如下五点重要内容：一是有关经济活动与事项的认定；二是认定与既定标准的符合程度；三是客观地获取和评价证据，以支持相关认定是否符合既定标准的判断。在这一过程中，审计人员需要具有客观性，不偏不倚。四是系统化的过程。系统化意味着审计人员在制定审计计划、实施审计程序、获取审计证据和形成审计结论时需要通盘考虑，以实现审计目标。五是将结果传达给有关使用者。审计的最终目的是出具审计报告，指明财务报表是否符合会计准则的要求。

2.3 内部控制审计的定义、范围、责任和基准日

内部控制审计是在进入 21 世纪以后才发展起来的一项审计事项，也是注册会计师的一项新兴业务，是注册会计师根据财务报表审计理论与实践的发展经验，在企业内部控制审计领域的运用，既充分考虑与借鉴了报表审计的理论与经验，但又有其产生的历史背景及其特殊性，因此我们有必要明确内部控制审计的相关重要概念和基本问题。

2.3.1 内部控制审计的定义

根据我国《企业内部控制审计指引》的规定，内部控制审计是指会计师事务所接受委托，对特定基准日被审计单位内部控制设计与运行的有效性进行审计①。

2.3.2 内部控制审计的范围

内部控制审计范围主要是明确注册会计师的审计工作范围，即

① 财政部等五部委，《企业内部控制审计指引》，第一章总则第二条。

是对企业财务报告内部控制进行审计，还是对企业全面内部控制进行审计。

财务报告内部控制，即与公司财务报告相关的内部控制，是由公司的董事会、监事会、经理层及全体员工实施的旨在合理保证财务报告及相关信息真实完整而设计和运行的内部控制，以及用于保护资产安全的内部控制中与财务报告可靠性目标相关的控制[①]。主要包括以下方面的政策和程序：

①保存充分、适当的记录，准确、公允地反映企业的交易和事项；

②合理保证企业按照适用的会计准则或制度的规定编制财务报告；

③合理保证收入、成本费用的发生，以及资产的取得、使用或处置经过适当授权；

④合理保证及时防止、发现、纠正未经授权的、对财务报表有重大影响的交易和事项。

公司财务报告内部控制以外的其他控制为非财务报告内部控制。[②]本书所指的全面内部控制，包括财务报告内部控制和非财务报告内部控制，是指企业为了合理保证经营合法合规、资产安全、财务报告及其相关信息真实完整，提高经营效率和效果，促进企业实现经营目标和发展战略而设计和执行的全面内部控制。实际上，从目标上来看，内部控制的目标包括报告目标、经营目标、合规性目标等，而不仅限于为财务报告的可靠性提供合理保证。从内容上来看，内部控制并不都是与财务报告有关的，如安全生产管理、履行社会责任、环保义务、组织架构、产品质量控制、人力资源管理等。那么，注册会计师的内部控制审计，究竟是对企业全面内部控制进行审计，还是仅审计财务报告内部控制？

① 财政部会计司、中注协解读《企业内部控制审计指引》。

② 财政部会计司、中注协解读《企业内部控制审计指引》。

根据美国《萨班斯－奥克斯利法案》的规定，注册会计师仅对财务报告内部控制进行审计，PCAOB 制定的 AS2 和 AS5 均采用了这一观点，与《萨班斯－奥克斯利法案》保持一致。在我国的实践当中，对内部控制审计范围的规定并不统一。上海证券交易所在 2006 年 6 月发布的《上海证券交易所上市公司内控指引》要求对全面内部控制进行审计；深圳证券交易所在 2006 年 9 月发布的《深圳证券交易所上市公司内控指引》规定，仅对公司财务报告内部控制情况出具评价意见；2007 年 12 月出台的《中小企业板上市公司内部审计工作指引》的规定是，内审部门和注册会计师均应对与财务报告和信息披露事务相关的内部控制进行评价和审计。可见，在具体实务中的做法并不统一，甚至还有矛盾之处。

关于如何确定内部控制审计的范围，笔者认为应该重点考虑如下几点因素：

（1）注册会计师的专业胜任能力

注册会计师的优势领域主要在会计、审计、税务、财务成本管理、公司战略和财务报告内部控制等方面。对于企业全面内部控制的其他领域，如安全生产管理、履行社会责任、环保义务、组织架构、产品质量控制、人力资源管理等领域的内控，超出了注册会计师的知识、技能和经验，需要由其他领域的专家来进行审计或鉴证。

（2）成本效益的考虑

美国 PCAOB 通过对 AS2 实施情况的研究表明，注册会计师对财务报告内部控制的审计给企业、资本市场乃至整个社会带来了巨大的效益，推进了公司治理结构和内部控制的完善，提高了财务报告的质量，提升了报告使用者的信心；但是，巨大的收益也伴随着巨大的成本费用，执行内部控制审计的费用超出了预期，审计费用、法律费用和执行成本大幅增加，企业普遍反映负担沉重。根据美国财务经理人协会（FEI）在 2005 年 3 月的调查结果表明，平均每家公司的执行成本为 436 万美元，94% 的受访者认为执行成本远超出其可能带来的收益。Foley & Lardner 会计公司（2004）对内部控制审计执行成本的研究结果表明，审计费用将增加 105%，法律费用增加 91%，为董事和执行官的保险费用增加 94%。除直接成本外，间接成本也很大。根据 Foley & Lardner 会计公司对 2003 和 2004 年度拟上市公司情况调查表明，年收入在 10 亿美元以下的公司平均上市成本在该法案生效后增加一倍多，从 2001 年的平均 124 万美元上升到 2003 年的 286 万美元。还有 21% 的受访者表示因 404 条款的严格要求和巨大成本，决定不发行股票。在该法案生效后，很多原来计划在美国上市的外国企业放弃了美国上市计划，其中也包括不少中国企业。

针对这种情况和面临的问题，美国 PCAOB 积极反应，在听取了各方意见后，在 2007 年发布了新的第 5 号内部控制审计准则（AS5），替代了原来的 AS2，在很大范围和程度上简化了程序，降低了要求，提出了自上而下的风险导向审计方法，主要目的就是降低了执行内部控制审计的成本，提高审计准则的可操作性。因此，如果将内控审计范围扩展至全面内控，势必明显加重企业的成本负担，进一步加剧审计的成本效益矛盾。

（3）投资者的需求

注册会计师对内部控制进行审计的主要目的是满足投资者等报告使用者的需求，保护投资者利益。如果财务报告的内控有效，则表明财务报表存在重大错报的可能性大大降低，可以增加投资者对公司财务报告可靠性的信心，从而有利于投资者作出明智的投资决策。这是符合逻辑的，与提供给投资者的信息也是一致的。

（4）监管者角度

监管部门首要的是关注财务信息的可靠性，因此首要的是保证财务报告内部控制必须要有效；在此基础上也强调企业要加强全面内控和风险管理，从而促进企业的可持续健康发展。

（5）对非财务报告内部控制审计的国际做法

从国际上几个发达国家的做法来看，内部控制审计主要是针对财务报告内部控制，目前国际上尚未形成对非财务报告内部控制的有效性进行审计或评价的依据或标准，在判断上存在较大的主观性，缺乏统一性和可比性，对投资者的投资决策作用也不确定。

（6）其他服务需求

在现实中，一些企业出于全面加强内部控制和风险管理的需要，可能会要求对全面内部控制进行检查和诊断，包括自我评估、内控建设与评价、内部控制审计等，以发现存在的内部控制缺陷并加以改进和完善，补缺补漏，减少和避免舞弊，防范和化解风险，促进企业持续健康发展。这是出于企业的自发性需求，实际上相当于注册会计师为企业提供的一项管理咨询服务。

综合上述因素的考虑，我国颁布的《企业内部控制审计指引》规定，注册会计师应当对财务报告内部控制的有效性发表审计意见，并对在审计过程中注意到的非财务报告内部控制的重大缺陷，在审计报告中单独增加“非财务报告内部控制重大缺陷描述段”进行披露。笔者认为，我国的这种规定是比较合理可行的，在吸取了国际上的成功经验和做法的基础上，考虑了我国的具体国情、经济社会环境，结合我国企业的实际情况和发展阶段，作出了切实可行的安排；还体现了我国内控审计的创新之处，为世界各国内部控制的发展作出了积极的贡献。

2.3.3 内部控制审计的责任界定

在美国，关于注册会计师是否应当对内部控制进行审计的争论远早于《萨班斯－奥克斯利法案》的出台。Mautz 和 Sharaf 在《审计理论结构》（The philosophy of auditing）[①] 一书中指出，应当慎重考虑对于审计师在审计报告中对内部控制的有效性发表意见，其主

① 该书是莫茨和夏拉夫运用深邃的哲学思想进行理论研究的成果，详尽地阐述了作者对于建立审计理论学科的独特见解，被认为是世界上第一部将审计理论作为一门独立的学科加以论述的重要著作，弥补了审计理论学科的空白。

要原因在于审计师对内控有效性发表意见，能否不会引起报告使用者的误解①。在《审计理论结构》一书中，他们进一步指出，在对内部控制发表审计意见的权威性标准出台之前，审计师不适宜对内部控制系统的整体有效性发表审计意见。美国管理会计师协会（MA）和财务经理人协会（FEI）都曾经反对注册会计师对内部控制进行审计，他们认为那样不仅无助于提高财务报告的真实可靠性，而且增加了审计成本。另外，学者和职业界反对进行内部控制审计的原因除了增加审计成本外，更重要的是对审计责任和风险的担忧。职业界的担忧主要有两方面的原因：一是在注册会计师对企业内部控制进行审计并出具审计报告之后，报告使用者以及社会公众会对被审计单位内部控制的有效性产生过度依赖，导致注册会计师责任的扩大和对注册会计师责任的误解，而忽视了建立并维持有效的内部控制是管理层的责任这一基本前提，从而引起不必要的麻烦；二是内部控制的审计和评价是一个高度专业、比较复杂、涉及面广的领域，注册会计师很难发现被审计单位内部控制的所有缺陷。

对此，笔者认为，内部控制审计在为注册会计师行业带来新的业务机会的同时，相应地也增加了注册会计师的执行风险和责任；但从促进企业加强内部控制和风险管理的角度出发，要求注册会计师对企业（特别是上市公司）内部控制进行审计，又是很有必要的。因此，政府相关规章制度应当明确界定注册会计师执行内部控制审计可能产生的法律责任问题，最大限度地维护注册会计师的合法利益，以保障内部控制审计业务的顺利开展。

2.3.4　内部控制审计基准日

内部控制审计基准日，是指注册会计师评价内部控制在某一时

① Robert Kuhn Mautz, Hussein Amer Sharaf, The philosophy of auditing, American Accounting Association, 1961.

点是否有效所涉及的基准日。关于注册会计师对财务报告内部控制进行审计所针对的时间也有两种观点，即时点观和时期观，学术界和实务界一直存在较大的争议。时点观是指对截止某一基准日的内部控制有效性发表审计意见，时期观是指对某一时期的内部控制有效性发表审计意见。

根据《萨班斯－奥克斯利法案》404 条款的规定，上市公司管理层应当建立和维持内部控制系统的有效性，并进行自我评估，审计师对与财务报告有关的内部控制有效性进行审计，但并没有明确规定是一个期间还是时点。在法案的 302 条款规定，CEO 和 CFO 必须要对年报或季报签发前 90 天内公司内部控制的有效性作出评估。在 PCAOB 的 AS5 号准则中明确指出，审计师是对资产负债表日的内部控制进行审计并发表审计意见。从审计实务来看，美国注册会计师在进行内部控制审计时，采用的是特定时点的内部控制，与财务报表审计的资产负债表日一致。根据日本《内部控制评价与审计准则》的规定，审计师也是对资产负债表日的内部控制有效性发表审计意见，可见也是时点观。

我国《企业内部控制审计指引》采用的也是时点观。该指引所称内部控制审计，是指注册会计师接受委托，对特定基准日内部控制设计与运行的有效性进行审计。笔者认为，指引的规定是合理可行的，主要有以下理由：

第一，注册会计师不可能对企业内部控制某个时期内（如一年）每天的运行情况进行审计，这样做不切实际，审计成本也会很高，也超出了企业预期的负担，不符合成本效益原则；并且这样做也无法向报告使用者提供准确清晰的信息，甚至可能会误导使用者。例如，注册会计师可能在 3 月份对内部控制进行审计，发现内部控制缺陷后提出整改意见；企业在 4 月份进行整改，在整改后要运行一段时间（至少一个月），6 月份再对整改后的内部控制进行审计。如果注册会计师对此过程进行描述和披露，就会形成一份长式审计报告，而不是简明扼要的短式审计报告，不能给报告使用者提供清晰有用的信息。

第二，注册会计师对特定基准日内部控制的有效性进行审计，并不是只测试基准日这一天的内部控制，而是要延伸考察一段时间内内部控制设计和运行的情况。虽然，指引规定是对企业报表期末（基准日）发表审计意见，但这个基准日并不是一个简单的时点概念，而必须考虑基准日前的延伸。按照指引的规定，注册会计师需要获取内部控制在足够长的一段时间内有效运行的证据，这段时间可能会比企业财务报表涵盖的期间短，但必须足够长。从实务中发生的很多案例表明，许多财务报告的舞弊多发生期末，或在邻近资产负债表日的一段时间内发生，如虚构交易、提前确认收入、推迟确认成本和费用等，因此，注册会计师应当对接近资产负债表日的一段期间内的内部控制保持高度关注。由于企业所处的经营环境和内部控制是一个动态变化的过程，如果只审计评价某个时点的内部控制，将会降低审计结果的可靠性和相关性，也容易产生无法验证的问题。因此，审计时应该涵盖一个足够长的期间，才是适当的。笔者认为，如果对以年度报表日（即 12 月 31 日）为基准日的内部控制进行审计，一般应考察自基准日起至少 90 天内部控制设计和运行的有效性，才能够获取比较充分适当的审计证据。

第三，注册会计师对某一时点的内部控制进行审计，审计成本会降低，注册会计师的审计责任也会降低，在实践操作上会更加切实可行。

2.4 内部控制审计的理论分析

内部控制审计的产生和发展有其扎实的理论基础，从审计的角度来分析内部控制审计的各种理论观点，并从企业经营发展的需要来分析内部控制审计的发展变化，将有利于我们理解和掌握内部控制审计的现实需要和未来发展趋势，为内部控制审计的实践和发展奠定坚实的理论基础和依据。

2.4.1 基于审计视角的内部控制理论

会计学家杨时展先生说，审计因受托责任的产生而产生，又因受托责任的发展而发展①。受托经济责任关系的实质就是委托人与受托人的一种契约关系②。基于审计视角的内部控制理论先后有内部控制牵制论、系统论、两点论、三点论、五点论、八点论等六个理论，下面分别进行简要阐述：

（1）内部牵制论

内部控制最初表现为内部牵制，内部牵制的两大基本假设是：一是两个或两个以上的个人或部门无意识地犯同样错误的可能性很小，二是两个或两个以上的个人或部门有意识地串通舞弊的可能性会大大降低。内部牵制的主要特征是通过两个或两个以上的人员相互制约地执行基本任务，完成某项工作，以减少差错和舞弊，审批、复核、监督检查都是内部牵制的规定要求。

（2）内部控制系统论

1936 年，美国注册会计师协会发布了《对财务报表的审计》，提出审计师应当考虑审查内部控制，并第一次对内部控制进行定义，认为内部控制是为了保护公司资产，检查账簿记录的准确性，而在公司内部采取的手段和方法。但该定义没有得到广泛认可。1941 年美国注册会计师协会明确指出内部控制的主要目标是查错防弊，并首次规定内部控制是现代审计的一个必要前提。1949 年美国注册会计师协会对内部控制进行了权威性定义，指出内部控制是企业为了保护资产，检查财务数据的准确性，提高经营效率，促进企业实现既定目标而建立、设计的所有相互协调的方法和措施。这是一个比较被认可的内部控制定义。

---

① 杨时展：《世界审计史》，企业管理出版社 1996 年版。

② 秦荣生：“论审计与受托经济责任的‘血源’关系”，《当代财经》，1999 年。

（3）会计控制与管理控制论（两点论）

1958 年，美国注册会计师协会发布了《审计程序公告 29 号》，将内部控制分为会计控制和管理控制。1972 年，美国审计准则委员会发布了《审计准则公告第 1 号》，对会计控制和管理控制的定义重新进行了规范，目的就是为了便于明确注册会计师针对内部控制的审计范围，降低注册会计师的审计风险和责任。

（4）内部控制结构论（三点论）

随着审计实践的发展，注册会计师审计工作的重点从会计控制扩展到管理控制方面。1988 年，美国审计准则委员会发布了《审计准则公告第 55 号》，第一次提出了“内部控制结构”概念，它是指企业为实现既定目标而建立的各种政策、程序、制度和措施，包括三个要素：控制环境、会计制度、控制程序。内部控制结构论最显著的特点是增加了内部控制环境这一总括性要素，强调管理层对内部控制的态度、认识和行为等控制环境的重要作用。

（5）内部控制要素论（五点论）

1985 年，美国五大职业协会共同发起成立了反虚假财务报告委员会（Treadway 委员会），并于 1987 年建立了 COSO 委员会，专门研究内部控制问题。1996 年，美国注册会计师协会发布了第 78 号审计准则《财务报表审计时对内部控制的考虑》，全面接受了 COSO 报告的建议，取代了《审计准则公告第 55 号》。在该新准则中，将内部控制划分为五要素：控制环境、风险评价、控制活动、信息与沟通和监控。

（6）内部控制风险论（八点论）

2004 年 9 月，COSO 委员会发布了《企业风险管理——整合框架》，指出企业风险管理包括八大要素：控制环境、目标制定、风险识别、风险评估、风险应对、控制活动、信息与沟通、监控。按照 COSO 的观点，企业风险管理比内部控制范围更为广泛，是在内部控制基础上的拓展和完善。

从上述内部控制发展历程的分析可以看出，围绕内部控制的理论与实务，基本上基于审计视角，突出内部控制在保证财务报告真实可靠性方面的作用。可见，审计职业界是内部控制理论研究的主要发起者和推动者，也是最大的使用者。

2.4.2 内部控制审计的理论拓展

任何理论的发展总是与社会经济发展水平相联系，随着社会经济环境的变化而变化，内部控制及审计理论也不例外。随着社会经济的发展，内部控制理论也不断拓展，向更高层次发展和完善。虽然，审计角度和管理角度的内部控制目标有所差异，但随着社会经济环境的发展和企业自身管理的需要，理论和实务界对内部控制的理解产生趋同，内部控制逐步向管理靠拢，成为管理的工具和手段。

我们必须认识到，内部控制从本质来说是要为企业的整体利益和战略目标服务的，内部控制的建设和执行都是由企业管理层来进行的。所以，内部控制理论的研究必须立足企业的实际，与企业的具体实践相结合，而不能仅限于查错防弊，防范和控制风险，更重要的是形成一套风险防控和激励机制，服务于企业的整体战略目标，促进企业的健康可持续发展。这就必须突破传统内部控制理论单纯控制的概念，实现由消极控制向积极控制的转变。

笔者认为，拓展后的内部控制是一个广义的概念，是在现有成果基础上的拓展，既包含了传统意义上的管理控制，还包括企业治理层面的控制以及企业文化等内容。它是对传统概念的继承和发扬，反映了经济社会环境的变化对内部控制发展的客观要求，也是内部控制理论自身完善和发展的必然结果。根据研究范围、目标和方法的差异，可以把内部控制划分为三个口径。

（1）小口径内部控制

小口径内部控制是从财务审计角度出发，满足了审计业务和审计人员的要求，也体现了政府监管机构的要求，如美国的《反国外贿赂法》和我国的《会计法》等都要求建立健全内部控制。从企业角度考虑，主要是为了保证财务报表的真实可靠和资产的安全。

(2) 中口径内部控制

中口径内部控制是从企业管理层角度出发，在审计角度内部控制范围上的拓展。企业管理层为了履行受托责任，需要建立一系列的管理政策和程序，有效地控制企业运行，不断提高经营的效率和效果，实现企业的战略目标。

(3) 大口径内部控制

大口径内部控制是从企业整体的角度出发，不仅包括中口径内部控制，还包括企业的上层治理控制，即通过对企业所有权的适当分配，建立适当的委托代理关系，有效地维护投资人的利益。大口径内部控制是为投资人服务的，是投资人对企业进行有效控制的制度安排，与企业的长期利益和战略目标紧密联系，是企业最根本的控制。公司治理控制也是 COSO 概念框架五要素之一——控制环境的主要内容。

因此，笔者认为，从企业整体的角度来看，大口径内部控制应当包括以下四个部分：企业治理控制、企业管理控制、管理信息系统和企业文化。企业治理控制是内部控制的核心和基础，企业管理控制是内部控制的重点和关键，企业文化构成企业管理控制的内控环境，管理信息系统为控制提供、传递和反馈信息，是控制实施的通路。

内部控制最初的出现是企业在实践中自发产生的一种管理行为和方式，源于企业内部管理的需要，后来审计人员出于审计实务的需要，正式提出了这个概念，并不断地从审计的角度加以完善，但审计人员关注的范围主要是与财务报表有关的内部控制。随着内部控制理论和实践的发展，内部控制概念和范围的拓展，财务报告内部控制要向全面内部控制拓展和转化，要从企业整体系统和发展战略目标的角度来关注企业的发展和战略目标的实现。因此，未来的内部控制审计会从目前的财务报告内部控制审计向全面内部控制审计方向发展。

2.4.3 未来发展：基于管理视角的价值导向内部控制

内部控制有两种起源和功能，即作为审计方法与作为管理方法的内部控制。比较而言，管理视角的内部控制研究更有现实意义。伴随着经济社会的发展，公司环境的变化，内部控制需要从财务报告导向—风险导向—价值创造导向转型。随着系统论、控制论和信息论的出现，许多学者开始从三论的角度出发来研究和扩展管理控制理论，提出了目标管理理论，并不断创新、发展和丰富管理控制理论。20 世纪 90 年代以来，伴随管理信息系统的发展，流程再造、价值链管理等许多新的概念和理论不断丰富了管理控制理论，并出现了价值创造导向型内部控制的萌芽和雏形，它主要有以下几点核心思想：

一是传统内部控制理论是以“风险最小化”为目标和出发点，为实现这个目标，企业需要设计一套复杂繁琐的内部控制制度和程序，而过度的控制往往削弱了企业对市场的快速反应能力，可能导致企业丧失良好机会或造成经营失误。

二是从管理学的角度来看，内部控制作为一种管理方法和手段，其首要目标是为企业增加和创造价值，并以降低成本、增加股东价值为主要目标和出发点；设计合理的内部控制应该权衡捕捉商业机会和控制风险之间的关系，内部控制制度的设计要能够涵盖公司管理的全过程。

三是根据价值链管理理论，价值链是指一系列能够实现价值增值的业务活动组成的有机链条，价值导向内部控制是一个以价值链管理为基础的管理活动，贯穿于企业价值链各环节之中。从经营良好的企业实践中可以发现，这些公司的各项管理活动都是以价值链分析和管理为基本前提和出发点的，其内部控制是提高企业竞争力、实现企业价值最大化的重要工具。

综上所述，价值创造导向的内部控制是以服务公司价值创造为主要目标，以可接受的风险水平为出发点，以价值链分析为基础，以管理信息系统为平台，体现全过程控制的一个开放型系统。

2.5　内部控制审计策略与整合审计

内部控制审计作为一项新兴的审计业务，不少学者和职业界人士从理论和实务方面对该项业务进行了有益的探讨，详细分析了其发展历程和国际经验。我国已于 2011 年开始全面实施新的内部控制审计体系，包括基本规范、审计指引和应用指南，这套审计体系在实践中的运用结果如何，需要在实践中检验、发展和完善。在此，笔者针对内部控制审计在实践中的具体问题，重点针对审计策略、思路、方法论进行探讨，希望能更好地指导注册会计师的审计实践。

2.5.1　内部控制审计策略

对于内部控制审计，有两种审计策略（方式），即单独审计和整合审计。我国《企业内部控制审计指引》规定，注册会计师可以单独进行内部控制审计，也可将内部控制审计与财务报表审计整合进行，即整合审计。

（1）单独审计

注册会计师接受委托，单独对企业内部控制进行审计。在这种情况下，企业需要聘请两家会计师事务所分别对其内部控制和财务报表进行审计，两家事务所分别出具内部控制审计报告和财务报表审计报告。

（2）整合审计

将内部控制审计与年度财务报表审计整合进行的一种审计方式，要求同一家会计师事务所的审计师从计划审计工作、实施审计程序获取审计证据、评价审计证据的充分性和适当性，直到发表审计意见的整个过程中，将两种审计作为一个整体进行，并同时实现以下两个目标：

第一，获取充分、适当的证据，支持在内部控制审计中对内部控制有效性发表的意见；

第二，获取充分、适当的证据，支持在财务报表审计中对控制风险的评估结果。

(3) 两种审计的主要不同点及关注点

①财务报告内部控制审计和财务报表审计的目标略有不同。虽然两种审计的终极目标是共同的，都是为了保证财务报告及其相关信息的真实可靠和公允反映，但两者的直接目标却不相同：财务报告内部控制审计的目标是对内部控制设计和执行的有效性发表审计意见，而财务报表审计的目标是对财务报表的公允反映发表审计意见。

②控制测试的涵盖期间不同。针对财务报告内部控制在某一基准日有效性的审计，审计人员应当获取财务报告内部控制在足够长期间运行有效性的证据，可以短于财务报告期（通常为一年）；而针对财务报表实施的控制测试，通常要测试报表涵盖的整个期间，即整个报告期。

③测试所要求的证据有所不同。在财务报表审计中的控制测试，不必将所有认定的控制评估为低于最高水平，可以不对所有的控制实施测试而采用实质性程序；而在内部控制审计中，注册会计师应直接测试控制，获取控制是否有效的证据，不能依赖报表审计的实质性程序没有发现舞弊或重大错报而推断内部控制的有效性。另外，虽然两种审计的结论可以相互利用，并为另一种审计指明方向和重点，但内部控制审计中的控制测试的有效性与财务报表审计的实质性程序不能相互替换。表 2－1 列出了两种审计程序和证据的主要不同点。

(4) 整合审计与单独的财务报表审计的最大不同点

在整合审计前的财务报表审计中，风险评估程序和实质性程序是必须要实施的审计程序，但控制测试程序不是必需的程序，只有在下列两种情况下才应当实施控制测试程序：一是在评估认定层次

表2-1 两种审计程序和证据差异比较

	财务报表审计	财务报告内部控制审计
控制测试程序	可以省略，直接进行实质性程序	核心程序，不可以省略
收集审计证据的程序	询问、观察、检查文件或记录、穿行测试、重新执行、监盘、函证、重新计算、分析程序	询问、观察、检查文件或记录、穿行测试、重新执行
实质性测试程序	必须执行，不可以省略	没有明确规定，但应当识别重要账户、列报及其相关认定
实施审计程序的时间安排	可以期末，也可以期中	接近基准日（期末）
审计程序的范围	比较广泛	相对较窄

重大错报风险时，认为控制的运行是有效的；二是仅依靠实施实质性程序不足以提供认定层次充分、适当的审计证据。

在进行内部控制审计时，所执行的控制测试不仅要满足财务报表审计中对控制风险的评估结果，还需要实施补充的控制测试，这也就是整合审计对控制测试的要求。因此，在整合审计时，控制测试不仅不能省略，而且必须执行到能对内部控制的有效性发表意见的程度。这也是整合审计与单独的财务报表审计最大的不同点。

2.5.2 整合审计

从理论和实务上来看，由于财务报告内部控制审计和报表审计的高度关联性，注册会计师更适合于进行整合审计。整合审计是一种切实可行、经济合理，兼顾效率和效果，综合考虑社会公众、被审计单位和注册会计师行业利益的制度安排，下面加以具体分析。

(1) 整合审计的必要性

①将两种审计进行整合，可以相互印证，能更好地发现重大问题。在进行财务报表审计时，注册会计师要了解内部控制，并在需

要时进行控制测试，这两个审计程序与内部控制审计的程序是一致的；另外，注册会计师在实施报表审计的实质性程序时，可能会发现被审计单位的重大错报，这就意味着重大错报相应的控制点存在重大缺陷，为查找内部控制重大缺陷指明方向和重点。同样地，注册会计师在进行内部控制审计时，可能会发现内部控制的重大缺陷，这就意味着财务报表相应的交易、账户余额、信息披露可能存在重大错报，为进行报表审计提供了线索和方向。

②降低成本，节约费用。根据美国注册会计师执行内部控制审计的调查统计结果来看，由于内部控制审计对象的特殊性，审计技术的不成熟，执行内部控制审计的成本较高，被审计单位需要花费大量的人力物力，这也是美国推行内部控制审计面临的最大困难之一。相对内部控制审计，财务报表审计的理论和实践已经比较成熟，审计模式、方法较固定，审计成本也相对稳定。因此，将两种审计进行整合，工作成果相互利用，可以减少两者的工作量，从而降低成本和费用。

③两种审计要求同一时间完成。针对上市公司年度审计，由于内部控制审计和财务报表审计都要在规定的时间内完成，企业要同时公布两份审计报告，因此，企业聘请两家会计师事务所分别进行审计，无论从审计时间要求、审计成本，还是审计协调来看都是不可取的。

（2）整合审计的可行性

①业务性质类型相同。内部控制审计和财务报表审计都是属于基于责任方认定的，合理保证的审计业务。

②审计目标的一致性。两种审计的目标都是为了向报告使用者提供决策有用的高质量的审计报告，提高对外公布的财务报告信息的质量。财务报表审计的目标是合理保证财务报表不存在重大错报；财务报告内部控制审计是为了合理保证财务报告内部控制不存在重大缺陷，而这也是为了保证财务报表不发生重大错报。两种审计最终都是为了保证财务报告的可靠性，提高财务信息的质量，最

终目标是一致的。

③两种审计的工作成果可以互为所用。注册会计师在进行内部控制审计时，要对内部控制设计和运行的有效性进行测试；在执行财务报表审计时，也要了解内部控制，并在需要时测试内部控制。这是两者的共同之处，所取得的审计证据可以相互利用。

④在实务中两种审计很难分开。在执行财务报表审计时，注册会计师可以利用内部控制审计的结果，慎重考虑识别出的内部控制缺陷，并用来制订或修改实质性测试的性质、时间安排和范围；在执行内部控制审计时，注册会计师需要考虑报表审计实质性程序发现的问题的影响，特别要考虑识别出的财务报表错报对评价内部控制有效性的影响。因此，注册会计师可以利用在一种审计中获取的结果为另一种审计的实施提供证据和信息，指出审计重点和高风险领域，提高审计效率和效果。

（3）整合点概述

两种审计的整合点如表 2-2 所列示。

表 2-2　两种审计的整合点列示

整合点	财务报表审计	财务报告内部控制审计
审计目标	报表公允性、提高财务信息质量	内控的有效性、提高财务信息质量
业务类型	基于责任方认定的鉴证业务，合理保证的审计	基于责任方认定的鉴证业务，合理保证的审计
审计方法	风险导向审计	风险基础的自上而下审计
审计计划	确定重要性水平	与报表审计相同的重要性水平
审计证据	相互利用	相互利用
审计程序	风险评估、了解和控制测试	风险评估、了解和控制测试
对舞弊的考虑	舞弊对重大错报的影响	内控缺陷导致舞弊

从审计目标来看，两者的审计目标似乎有所不同，但最终目标还是一致的都是为了合理保证财务报表的公允反映，提高财务信息

的质量；从审计方法来看，似乎有所不同，实际上内部控制审计所采用的自上而下审计方法，本身也是以风险导向为基础的，风险评估的理念及思路应当贯穿于整合审计过程的始终，即以公司层面的重大缺陷风险评估为基础，确定重要账户、列报及其相关认定，选择拟测试的控制，以及确定针对所选定控制需要收集的证据。所以，PCAOB 在 AS5 号准则中也称之为风险基础的自上而下审计方法。

2.6 本章小结

本章阐述了内部控制的概念，系统论和控制论是内部控制的理论基础；通过对审计理论的梳理和阐述，阐述了审计的定义、内涵及相关理论，包括代理论、信息论、保险论等；从审计视角来研究内部控制理论，包括牵制论、两点论、三点论、五点论、八点论等六个理论；从企业经营管理的需要，阐述了内部控制审计的未来发展方向和趋势，从管理学的角度提出了价值创造理论是全面内部控制及审计的未来发展方向。目前，内部控制审计理论界比较认同内部控制的五点论（要素论），我国的内部控制基本规范和审计指引也采用了五要素理论。

针对内部控制审计实务亟需明确的相关理论问题，本章还重点探讨了内部控制审计的定义、范围、审计责任、审计基准日等问题，为具体的审计实践指明了方向和目标；并针对内部控制审计和财务报表审计，从理论层面分析了整合审计方式的必要性、可行性、整合点和审计思路，为内部控制审计的实践活动奠定了理论基础。

内部控制审计的国际发展历程及经验

内部控制审计的实践发展是在内部控制管理实践的基础上，随着审计实践的发展而产生、发展起来的新型业务。而内部控制和审计都经历了一个不断发展、完善的历史过程，它总是与具体组织的实践活动紧密联系在一起的，为实现组织的目标服务。本章从内部控制与审计在国际上主要发达国家的历史演进和发展过程进行阐述，分析国际经验和做法，为我国的内部控制审计实践提供经验借鉴。

3.1　内部控制的历史演进及国际动态

3.1.1　内部控制的产生及演进过程

理解内部控制必须与组织联系起来，内部控制是针对组织内部，为实现组织的全部或部分目标而开展的一系列专门的活动。不难看出，内部控制是伴随着组织的形成而产生的，组织追求其目标的努力而催生了内部控制。早期的分工、牵制、授权、汇报、稽查等都属于内部控制活动。

内部控制经历了一个不断发展、完善的历史过程，推动其发展的主要因素是政治、经济、社会、法律、技术等环境的变化以及组织的演进。现代意义的内部控制是企业在长期的经营实践过程中，为满足经济社会发展和加强内部管理的需要而逐渐发展、完善起来的，凝聚了古今中外的管理思想和实践经验。内部控制的历史演进主要表现为控制目标、对象和手段的变化，按照目前理论界通行的概括，可以分为以下几个阶段：

（1）内部牵制阶段（Internal Check）

直到20世纪40年代，内部控制的发展基本处于内部牵制阶段。这一阶段内部控制的重点在于职责分工，业务流程及记录的交叉检查、监督控制，内部牵制主要是通过人员配备、职责划分、业务流程、账簿记录及监督检查来实现。内部控制的主要目标是防止组织内部的错误和舞弊，通过保护财产的安全来保障组织的正常有效运转。

据史料考查，早在公元3600年前就已经出现了内部控制的雏形。在当时极为简单的财物管理活动中，经手钱财的人就使用各种标志来记录财物的生产、收发和使用情况，以防止财物丢失和被挪用，如经手钱物者要填制付款清单，并由另外的记录员进行报告。古埃及的中央财政银库，已经初具内部牵制的雏形，在接收白银和谷物时，记录入库数量、实物检查、核对接收数量与入库数量的工作，要分别由三人完成，并由仓库管理员的上级管理人员定期检查仓库的收发存记录，以确保账实相符。在古罗马时代，设置了会计账簿，特别是双人记账制的出现，极大地促进了内部牵制技术措施的发展。这些管理活动和思想已经体现了现代企业资产管理的基本要求和内容。

在我国的西周，当时的统治者为防止掌管和使用财税的官员弄虚作假、贪污盗窃、挪用公款，采取的分工牵制和交叉考核办法，达到了“一豪财赋之出入，数人耳目之通焉”① 的程度。到15世纪末，随着资本主义经济的发展，以意大利出现的复式记账法为标

① 意思是每笔财赋的出入，要经过几个人的耳目，达到互相牵制的目的。出自朱熹《周礼理财之所出》一文。

志，内部牵制日渐成熟。20 世纪初期，资本主义经济迅速发展，股份有限公司出现和发展，公司所有权和经营权分离，为提高市场竞争力，防范和揭露错误和舞弊，公司开始建立了“内部牵制制度”，规定一项经济业务、交易和事项的处理，不能由一个人或一个部门单独完成全过程。这就是内部控制的雏形——内部牵制制度阶段。

（2）内部控制制度阶段（Internal Control System）

从 20 世纪 40 年代至 70 年代，内部控制的发展进入了内部控制制度阶段，开始划分为内部会计控制和内部管理控制，通过建立和推行一整套内部控制制度、程序和方法来实施控制。内部控制的目标包括保护组织财产的安全，增加会计信息的可靠性，提高经营的效率和效果，遵循既定的管理方针等。因此，以职责分工和账簿核对为主要内容的内部牵制，逐步发展为包括组织架构、人员配备、岗位职责、业务处理程序、监督检查和内部审计等要素的内部控制系统。

1949 年美国注册会计师协会（AICPA）发表了一份题为《内部控制：系统协调的要素及其对管理层和独立审计师的重要性》的专题报告，首次对内部控制进行了定义：内部控制是指一个单位或组织为保护资产的安全完整，保证财务数据的正确可靠，提高经营的效率和效果，遵循既定管理方针而采用的计划、组织、协调内部管理的各种方法和措施。这个定义承认内部控制超出了与财会部门直接相关的内控，是一个相对广义的定义。

1958 年美国注册会计师协会下属的审计程序委员会发布了一份题为《独立审计师评价内部控制的范围》审计公告，将内部控制划分为内部会计控制和内部管理控制两大类，前者主要涉及与资产的安全完整、会计记录的准确可靠性直接联系的方法和程序；后者主要是与遵循既定的管理方针，提高经营效率和效果有关的方法与程序。这也是内控“制度二分法”的由来。

由于管理控制的概念比较模糊，在实务中也难以明确区分管理控制与会计控制，因此，1972 年美国审计准则委员会在《审计准则公告第 1 号》中，对内部管理控制和内部会计控制重新定义如下：

管理控制，包括组织划分，与业务授权、决策过程有关的程序和记录。这种授权是对经济业务、交易和事项建立会计控制的出发点，与直接实现组织目标相联系的管理职能。

会计控制，包括组织划分，保护资产的安全与完整，保证财务记录真实可靠的程序和记录，并为以下各项内容提供合理保证：

①根据一般授权和特殊授权处理各项经济业务、交易和事项；

②对经济业务、交易和事项的恰当记录，使财务报表符合一般公认会计原则或其他适用标准；

③只有经过授权才能接近资产；

④定期或不定期将账面记录与实物资产进行核对，并对发现的差异采取适当措施。

(3) 内部控制结构阶段（Internal Control Structure）

从 20 世纪 80 年代至 90 年代初，内部控制的理论研究进入了内部控制结构阶段。其标志是 1988 年美国注册会计师协会发布了《审计准则公告第 55 号》，在该公告中用“内部控制结构”概念取代了“内部控制制度”，并指出：“企业内部控制结构是指企业为实现特定目标而建立的各种政策和程序”，由以下三个要素组成：

①控制环境，是指对特定政策与程序的效率和执行有重大影响的各种因素，包括管理层的态度、意识和经营作风，组织架构、董事会、监事会及审计委员会的职能等；

②会计系统，是指为确认、计量和记录各项经济业务，编制、列报和披露财务报表而规定的各种方法和原则；

③控制程序，是指企业为保证实现经营目标而建立的各项政策和程序，包括业务授权、职责分工、资产的接触与使用、账簿和凭证的设置与记录等。

在这三个要素中，会计系统是关键要素，控制程序是保证内部控制结构有效运行的机制。这一概念突破了“制度二分法”的局限，突出了控制环境的作用，强调管理当局对内部控制的思想态度、认识和行为因素的重要作用，指出这些因素是实现内部控制目标的环境保证，要求审计师在评估控制风险时应对企业所面临的内部环境进行评估。20世纪80年代末，在这一概念的基础上产生和发展起来了风险基础审计理论。

（4）内部控制整合框架阶段（Internal Control Integrated Framework）

1992年，由美国注册会计师协会（AICPA）、美国会计学会（AAA）、管理会计师协会（MAA）、财务经理人协会（FEI）、国际内部审计师协会（IIA）五家机构共同发起成立了美国反虚假财务报告委员会的发起组织委员会（COSO），发布了内部控制的纲领性文件《内部控制——整体框架》，提出了内部控制三大目标和五项要素，标志着内部控制进入一个新的发展阶段。COSO委员会指出的三大目标是：合理保证财务报告的真实可靠，提高经营活动的效率和效果，遵循适用的法规。五项要素如下：

①控制环境，它建立于一个组织的最高层，是其他内部控制要素的基础，包括管理当局的经营理念、意识和风格，员工的正直诚信、职业道德和专业胜任能力，企业的权责分配方法和人力资源政策等；

②风险评估，即识别、分析相关风险；

③控制活动，是指为实现组织目标而采取的各项政策、程序和措施，包括授权审批、验证确认、复核和监督、资产保护和职责分工等；

④信息与沟通，是指为保证员工履行职责，实现组织目标而必须获取的信息及其沟通、传递和反馈；

⑤监督，即对内部控制系统有效性进行评估的过程，可以通过持续性监督、独立评价或两者相结合来实现对内控系统的监督。

COSO内控框架五要素之间是相互联系，相互促进的一个完整的有机系统，它们之间的关系如下：以员工的正直诚信，职业道德和专业胜任能力为主的内控环境是企业发展的基础；为实现企业目标必须进行风险评估，并针对风险评估的结果来采取相应的内控活动来控制和降低风险；与控制环境、风险评估、控制活动相关的信息应及时地被加工、处理、传递，即信息与沟通；为保证内控体系的正常运转，则需要对整个内控系统进行监督。

相比以往的内部控制理论，COSO 报告强调了以下几点：

①内部控制的对象极大地扩展了，包括企业经营管理过程中的所有要素，人、财、物、信息、技术等；将构成企业整体的内部控制框架各要素，包括环境因素、内部控制机制与程序、信息的获取与传递等进行整体考虑，并强调控制环境的作用，认为控制环境是内部控制状况的综合反映，其好坏直接决定了企业内部控制整体的实施效果；

②内部控制的好坏主要取决于人，如管理当局的管理风格、理念、意识和行为，因为人是最活跃、最主动的因素，反过来内部控制也影响着人的行为；

③内部控制并不是一成不变的、机械的制度或规定，而是一个不断发现问题、解决问题的动态过程，管理当局应根据环境的变化采取不同的政策措施，灵活地选择合适的控制方式与方法；

④在激烈竞争的现代社会，任何组织都面临各种变化、风险和挑战，管理当局必须及时对各种风险进行识别和评估，采取有针对性的应对措施，以保证组织目标的实现；

⑤内部控制本身不是目标和结果，而是实现组织目标的一种手段或工具；

⑥必须综合采取各种方法，使内部控制制度科学化、合理化、程序化。

3.1.2 后安然时代的内控发展变化

2001 年年底以来美国相继发生了安然、世通等一系列财务丑闻，震惊了美国和全世界，暴露了美国公司内控和审计体系的严重缺陷，严重动摇了社会公众对会计师行业的信心。为解决此问题，2002 年 6 月 18 日，美国国会参议院通过了《萨班斯—奥克斯利法案》（SOX 法案）；同年 7 月 30 日，法案经美国总统布什签署后正式成为法律，并开始生效。该法案对 1933 年《证券法》和 1934 年《证券交易》等重要法律做了修改和补充，并在审计行业监管、审计师独立性、财务信息披露、公司责任、证券分析师行为、证监会（SEC）的职权、公众公司会计监督委员会（PCAOB）的设立等方面都作出了新的规定。该法案的实施，成为美国资本市场发展史上一项重大变革，代表了一个新的资本监管时代。

（1）SOX 法案关于内部控制的基本要求

第 103 条款：审计、质量控制和独立性准则规定，要求独立审计师在每份审计报告中说明审计师对上市公司内部控制构成及程序的测试范围，并在审计报告或单独报告中注明；

第 302 条款：公司对财务报告的责任，要求公司建立、评价和报告关于财务报告披露的内部控制；

第 404 条款：管理层对内部控制的评价，其主要内容包括：

①内部控制方面的要求，强调公司管理层建立和维护内部控制系统及相应程序充分有效的责任；公司管理层最近财务年度末对内部控制体系及控制程序有效性的评价。

②内部控制评价报告，即要求管理层对内部控制的评价，要求担任年报审计的审计师应当对其进行测试和评价，并出具评价报告。

（2）该法案对企业内部控制的影响

为满足 404 条款的要求，上市公司要保证在对交易进行记录的每一个环节都有相应的内部控制制度，还要指出内部控制的缺陷所在。要满足这些要求给公司带来极高的执行成本，并且该法案在颁布时没有具体的豁免条件，这就意味着所有不论在美国注册还是在外国注册的于美国上市的公司都必须遵循该法案。

①对董事会下设审计委员会的制约。该法案要求所有上市公司都必须建立全部由独立董事组成的审计委员会，委员中至少要有一名财务专家，如果没有设立单独的审计委员会，则董事会必须满足整体独立性的要求；公司必须为审计委员会提供充足的资金支持，审计委员会对聘用会计师事务所、决定其报酬、与审计师的沟通等事项负直接责任。

②对CEO和CFO产生制约。公司首席执行官（CEO）和首席财务官（CFO）必须为公司的财务报告提供保证，并进行签字声明。CEO和CFO必须返还公司由于其行为不当而获取的奖金、红利或权益性报酬。

③内控条款严格，执行成本高昂。该法案要求公司将任何一个岗位的职责描述得一清二楚，这项工作需要大量材料和文件支持。同时，为达到该条款要求，公司要保证对交易活动进行记录的每一个环节都有相应的内控制度，如产品销售的条件、记录付款的时间和人员等，并要指出内控的缺陷所在；404条款要求公司必须在年报中提供内部控制报告和内部控制评价报告。这些要求迫使公司花费了高昂的遵循成本，主要包括两方面：一是公司为完善内控体系，加强风险管理而增加的内部合规成本，二是满足外部审计师要求、聘请顾问、法律或其他方面而增加的外部合规成本。

④强化信息披露，保护投资者利益。具体而言，该法案对公司信息披露的影响主要体现在以下方面：公司必须披露对非审计服务的相关许可，审计与非审计服务的费用等；公司必须在定期报告中披露所有重大资产负债表的表外业务，与公司管理层和主要股东的关联交易，公司是否制定了高级财务管理人员的道德守则，披露审计委员会中财务专家的信息，公司还必须进行实时信息披露。

3.1.3 内控框架的新发展：企业风险管理框架

2004年9月COSO颁布了关于内部控制方面新的研究报告《企业风险管理框架》（简称ERM）。企业风险管理是由企业全体人员共同参与，应用到企业各个层面和部门，用于识别、管理对企业造成潜在影响的事项和因素，为实现企业战略目标提供合理保证的管理过程。

ERM 将内部控制的研究重点转向了风险及其管理，认为内部控制整体构架是包含在 ERM 中的一体化部分。ERM 在内部控制整体框架五要素的基础上进行了拓展，增加了三个风险管理要素，形成了八要素，分别是内部环境、目标设定、事项识别、风险评估、风险回应、控制活动、信息与沟通、监督。

（1）内部环境

包含组织的基调，为如何认识和对待风险设定了基础，包括风险管理理念和风险容量、诚信和首先价值观，以及所处的经营环境等。

（2）目标设定

ERM 确保管理当局采取适当的程序设定目标，确保所选定的目标支持和符合主体的使命，并与它的风险容量相符。一般而言，企业的目标包含以下四个层次：战略目标——高层次目标；经营目标——有效果和高效率地利用资源，包括业绩和利润目标；报告目标——保证报告的可靠性，包括内外报告的财务和非财务信息等；遵循目标——与企业遵循相关法律法规的规定有关。

（3）事项识别

必须识别影响企业目标实现的内外部事项，区分风险和机会，并将机会反馈到管理当局的战略目标制定过程中。

（4）风险评估

通过考虑风险的可能性和影响来进行分析，并作为进行管理的依据，风险评估应立足于固有风险和剩余风险。

（5）风险应对

在风险评估结束后，管理层应当决定如何应对风险，风险应对措施主要有风险回避、减缓、分担和接受四种方式。

(6) 控制活动

制定和执行政策，以保证风险应对措施得以有效执行。

(7) 信息和沟通

保持信息在相应层次之间的及时传递和交流，确保履行职责的员工以恰当的方式和时机识别、获取所需的信息。

(8) 监控

对风险管理活动进行全面监控，必要时加以修正，监控可以通过持续的管理活动，个别评价或者两者结合来完成。

企业风险管理框架是一个多方向、反复的过程，各个要素也会相互影响，但它们都为实现企业的目标服务。ERM 虽然保留了内部控制的某些概念，但与以往的内部控制构架相比，在要素、目标、结构方面均有较大的突破，比较如表 3－1。

表 3－1　　内部控制各发展阶段差异比较

内部控制阶段	要素	目标	结构
内部牵制	没有涉及	防止舞弊	点
内部控制制度	没有涉及	防止舞弊	线
内部控制结构	控制环境、会计系统、控制程序	实现企业预定目标	三角
内部控制整合框架	控制环境、风险评估、控制活动、信息与沟通、监督	经营目标、财务报告目标和遵循性目标	立体
风险管理整合框架	内部环境、目标设定、事项识别、风险评估、风险回应、控制活动、信息与沟通、监督	战略目标、经营目标、报告目标和遵循性目标	立方体

从以上的分析可以发现，ERM 在以下方面实现了突破。

(1) 扩展了内部控制目标的范围和深度

从财务报告目标扩展为报告目标，增加了保护资产的内容，并提出了战略目标。

（2）深化和拓展了内部控制的要素

从五要素发展到八要素，增加了目标设定、事项识别、风险回应三个要素。

（3）实现了内部控制与风险管理的统一

ERM 框架认为，风险管理包含内部控制，内部控制是风险管理的重要组成部分，在实践活动中，风险管理与内部控制是密不可分的。

（4）管理者任务的变化

在 ERM 框架下，管理者需要识别目标和战略方案，每一个业务单元、分部的领导都需要识别各自的目标，并符合企业的总目标。设定目标后，管理层就需要对影响风险的事项进行识别，评估风险，并采取应对措施。

3.2　内部控制与注册会计师审计

内部控制审计是在人类进入 21 世纪以后才发展起来的一种新型审计，也是注册会计师的一项新兴业务，是注册会计师根据财务报表审计理论与实践的发展经验，在企业内部控制审计领域的运用，充分考虑与借鉴了报表审计的理论与经验，因此我们有必要了解注册会计师审计方法的演进，及其对内部控制审计实践的影响。

3.2.1　注册会计师审计的起源与发展

注册会计师审计最早起源于意大利合伙企业，英国股份公司出现后形成，随着美国资本市场的发展而不断发展、成熟。20 世纪 40 年代以后，社会审计开始走向国际化，时至今日，形成了国际知名的四大会计师事务所，它们通过遍设于世界各地的事务所，在国际经济活动中起着重要作用。注册会计师审计是市场经济发展到一定阶段的产物，反映了企业所有权和经营权相分离的需要，其产生和发展有其历史必然性。

第一，注册会计师审计是市场经济发展到一定阶段的产物，其产生的直接原因是企业所有权与经营权的分离。由于两权分离，所有者需要来自外部第三方的专业人士，对企业经营管理层提供的财务报表进行审查，以证实其真实性和可靠性，这就产生了注册会计师审计。

第二，注册会计师审计随着市场经济的发展而发展。市场经济的发展，特别是资本市场的产生和发展，极大地促进了注册会计师行业的发展变化，审计方法从详细审计发展到抽样审计、制度基础审计；审计目标从查错防弊发展为对财务报表整体发表审计意见；审计的职责从对企业所有者负责发展为对债权人、社会公众负责。

第三，独立、客观、公正的审计特征明确。这些特征保证了注册会计师审计的鉴证职能，也使其在社会上享有较高的权威性和社会地位。随着资本市场的迅速发展，市场经济程度的不断完善，注册会计师职业在经济发达国家备受尊重，注册会计师审计已经成为维护市场经济秩序的重要手段。

3.2.2 注册会计师审计方法的演进

自从注册会计师审计产生以来，审计的根本目标基本没有改变，但审计面临的经济社会环境却发生了巨大的变化。为了实现审计目标，适应经济社会环境的变化，注册会计师行业也在调整、改进审计方法，从账项基础审计，到制度基础审计，再到风险导向审计，都是注册会计师行业适应环境变化而进行的审计方法演进，下面笔者将进行简单阐述。

（1）账项基础审计

账项基础审计，又称详细审计，主要在19世纪以前审计发展的初期阶段。当时企业规模较小、结构简单、业务单一，注册会计师审计主要是为了满足企业所有者了解企业经营情况、检查会计报表的需要，督促经营管理者（受托责任人）诚实经营，履行受托责任。注册会计师审计的重点在资产负债表，采取详细审计的方法，目的在于发现、纠正错误与舞弊；注册会计师通常花费大量时间检查会计凭证和账簿，围绕凭证、账簿、报表的编制过程进行检查，主要采取检查、核对、加总和重新计算的方式来进行审计工作，通过对数字的详细核实来判断和发现是否存在舞弊和技术错误。虽然随着企业规模的扩大，注册会计师开始采用抽样审计，但抽查数量仍然很大，选择样本以判断抽样为主，带有很大的盲目性，并没有认识到内部控制对审计的作用。从方法论的角度上讲，这种以详细审计为主的审计方法，称为账项基础审计（accounting number - based audit approach）。

（2）制度基础审计

19世纪末，随着工业革命的到来，经济社会的发展带动了会计审计的快速发展。注册会计师审计的重点扩大到了资产负债表和利润表，判断企业的财务状况和经营成果是否真实可靠。由于企业规模不断扩大，新的经济业务和交易事项不断出现，业务越来越丰富复杂，企业的会计凭证和账簿也不断增多，注册会计师的审计工作量迅速增大，企业的审计费用也日益增加。此时，注册会计师职业界认识到传统的账项基础审计耗时费力，不利于提高审计的效率和效果，已经不能适应企业和经济发展的需要，必须寻求更先进的审计方法。经过实践探索，职业界逐渐发现内部控制对于保证财务报表的真实可靠具有重要意义，因此职业界开始将审计的关注点转到企业的内部控制，尤其是生成财务报表的内部控制，并将审计抽样与内部控制结合起来。从20世纪50年代起，内部控制测试和评价成为审计的重要组成部分，抽样审计在发达国家广泛运用，审计方法逐渐走向成熟。从方法论的角度，这种以控制测试为基础的抽样审计，就是制度基础审计（system - based audit approach）。制度基础审计方法，改变了传统的对经济业务、交易、事项和会计资料的详细审计方法，重视内部控制对财务报表审计的影响，通过对内部控制的测试和评价，来决定进一步的审计策略和抽样数量。

(3) 风险导向审计

20世纪80年代以来，科学技术飞速发展，网络技术的产生和发展改变了世界，政治经济形势也发生剧烈变化，对企业的经营管理产生了重大影响，企业竞争日益激烈，经营风险增加，破产倒闭事件频发。经济社会的发展变化和企业的经营风险也传导到了注册会计师行业，对审计工作提出了更高的要求，注册会计师必须综合考虑企业面临的经营环境和各种风险，研究、分析企业经营中可能产生的各种错误和舞弊行为，并以风险为出发点，制定审计策略和计划，以保证审计工作的效率，实现审计目标。针对审计职业界面临的审计风险，审计理论和职业界开发出的审计风险模型如下：

审计风险（AR）=固有风险（IR）×控制风险（CR）×检查风险（DR）

审计风险是指财务报表存在舞弊或重大错报，而注册会计师发表不恰当审计意见的可能性；固有风险是指假定不存在相关内部控制时，某一账户或交易单独或连同其他账户、交易产生重大错报的可能性；控制风险是指某一账户或交易单独或连同其他账户、交易产生重大错报，而不能被内部控制防止、发现或纠正的可能性；检查风险是指某一账户或交易单独或连同其他账户、交易产生重大错报，而不能被实质性程序发现的可能性。

根据审计风险模型，要求注册会计师从企业经营风险的角度出发，从整体层面来安排审计，将审计资源分配到财务报表最容易或最可能出现舞弊或重大错报的高风险领域；该模型从理论上解决了制度基础审计方法中审计抽样的随意性问题，以及审计资源的分配问题，更有利于提高审计效率和效果。从方法论的角度，这种以审计风险为基础的审计方法，被称为风险导向审计方法（risk－oriented audit approach）。

现代风险导向审计作为一种新型的审计理念和方法，在安然事件之后，受到会计和审计界的高度关注和普遍认同。它以系统论和战略观为指导思想，要求注册会计师在审计过程中以风险的识别、评估和应对为工作主线，采用自上而下的审计思路，分析、发现企业可能存在的重大错报和舞弊风险，根据风险评估的结果分配审计资源，确定实质性测试的性质、时间安排和样本量，做到有的放矢，提高审计效率和效果。风险导向审计是制度基础审计的发展，而风险基础战略系统审计是风险导向审计的改进和完善。现代风险导向审计是一种新型的审计理念和方法，是战略管理理论和系统理论在审计实践重大创新和实践运用。与传统的风险导向审计方法相比，该方法具有如下优点：一是将审计学、系统论和战略观结合起来，更强调企业面临的整体风险。二是将审计起点前移，传统的风险导向审计由于固有风险难以评估，审计起点往往为内部控制，风险基础战略系统审计方法的起点为企业的经营战略及其业务流程，如果企业的经营风险较低，内部控制有效实施或业务流程不重要，则可以大大减少实质性测试的工作量，将实质性测试的主要工作集中在例外事项上。三是采用自上而下的审计思路，将审计资源更多地分配到高风险领域，有利于提高审计的效率和效果。

3.2.3　内部控制审计的方法论

如何对内部控制进行审计，关键是内部控制审计的思路，是借鉴传统的财务报表审计方法，还是现代风险导向审计方法，这是审计实务界必须解决的一个现实问题。在 SOX 颁布后，不少专家学者及职业界从不同的视角对内部控制审计提出了各自的观点，特别是美国的学者及职业界，发表了很多有价值的论文。如 Michael Ramos 编写了如何遵循 SOX 404 条款的专著，McGladrey & Pullen 于 2003 年发布了关于管理层如何评估财务报告内部控制的报告，虽然该报告主要应用于管理层对财务报告内部控制的评估，但对财务报告内部控制的审计也很有借鉴和帮助。PCAOB 于 2007 发布了 AS5 以取代 AS2，CICA 于 2007 年发布了《与财务报表整合审计的财务报告内部控制审计》，日本也在 2007 年 2 月发布了《内部控制评价与审计准则》，分别对内部控制审计进行了规定。这些准则和报告都有一个共同的特点，就是都采用了自上而下的内部控制审计方法。

经过研究国外的经验和做法，特别是美国的经验，结合我国财务报表实施的风险导向审计思路，我国审计指引采用了自上而下的审计方法。指引规定，注册会计师应当按照自上而下的方法实施审计工作，从财务报表层次开始，在整体层面了解财务报告内部控制风险，再将关注重点放在企业层面的控制上，逐步将审计工作重点下移至重要流程、重要账户、列报及相关的认定。

自上而下的审计方法要求审计人员从公司层面控制开始，逐渐将审计工作下移至重要流程、账户和列报，再展开到交易过程和执行层面的具体控制活动。这种方法引导审计人员将注意力放在可能导致财务报表产生重大错报的账户、列报及其相关认定上，将审计资源集中于高风险的领域和交易事项，有助于发现被审计单位的重大缺陷，确定错报的可能来源来选择拟测试的内部控制，而不是对所有的控制都进行测试。所以说，自上而下的审计方法是一种全新的审计思路，可以极大地提高审计的效率和效果，图 3－1 以图示方式进行补充解释说明。

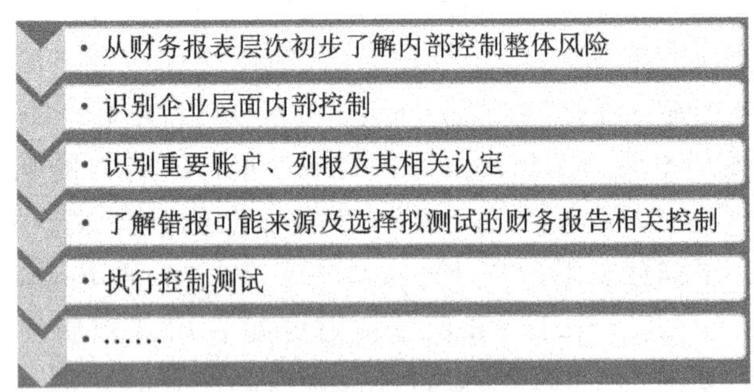

图 3－1　自上而下审计策略图

第一，注册会计师从财务报表层次了解可能导致财务报表产生重大错报的风险，并从整体上了解财务报告内部控制风险。从了解、识别可能产生财务报表重大错报的风险开始，分析这些风险领域和事项，然后针对这些领域和事项，进一步确认主要业务流程和控制。

第二，通过了解财务报告内部控制的整体风险，可以识别出为保持有效的财务报告内部控制而必需的企业层面内部控制。由于对企业层面内部控制的评价结果将直接影响到其他测试的性质、时间安排和范围，因此注册会计师应该在开始审计业务时就对企业层面内部控制进行评价。

第三，识别重要账户、列报及其相关认定。注册会计师应当识别财务报表的重大账户、列报及其相关认定，主要业务流程、交易类别，以及能够防止重大错报风险的控制。注册会计师在判断某个账户或列报是否为重要账户或列报，或者某个认定是否相关时，应当根据其固有风险进行判断，而不应首先考虑相关控制的影响。

第四，了解错报的可能来源。在识别重要账户、列报及其相关认定时，还需要进一步了解、确定对财务报表产生重大错报的可能来源。注册会计师应根据重要账户或列报可能发生错报的领域和原因，来确定潜在错报的可能来源。

第五，选择拟测试的控制。注册会计师需要评价内部控制是否足以应对评估的错报风险，并选择那些对形成审计结论有重要影响的控制进行测试，包括企业层面控制，针对控制环境、反舞弊程序的控制，财务报告生成流程的控制等。

自上而下的方法描述了注册会计师在风险识别及控制测试时的审计思路，但它并不一定是注册会计师将要执行审计程序的固定顺序。该方法也存在一些应用中的实际问题，如什么是有效的控制环境，如何对企业整体层面进行评估，这就是一个复杂的专业判断和实践问题；对公司层面控制的评价在多大程度可以减少测试的工作量，在整个审计过程中都会涉及注册会计师的专业判断，不同的审计人员可能会有不同的判断结果和选择，而且很可能会影响到审计结论和审计报告意见类型。这些问题都需要我们在实践过程中不断地进行探讨、研究，并加以解决。

3.3 内部控制审计在美国的现状

2001 年年底美国相继发生了安然、世通等一系列财务丑闻，2002 年美国国会参议院通过的 SOX 法案，还诞生了一个新的监管机构：公众公司会计监督委员会（PCAOB），专门负责制定针对上市公司董事和高级人员、独立审计师和律师的监管规定，并实施监管。PCAOB 于 2004 年 4 月 9 日发布了第 2 号审计准则《与财务报表审计相关的财务报告内部控制审计》（AS2），提出了整合审计的审计策略和思路。PCAOB 前主席 William 先生表示，该准则是 PCAOB 制定的意义最深远、最重要的审计准则。以前，内部控制仅是企业管理者考虑的事情，而现在注册会计师要对内部控制进行详细的测试和审计。这一审计制度安排将对投资者起到重要的保护作用，因为可靠稳固的内部控制是抵御管理层不恰当行为的第一道防线，能够有效地防止、发现和威慑舞弊行为。PCAOB 的规定对于规范化的内部控制设计、实施、监督、评估与不断改进具有重大意义。它使美国公司的管理层能在一个统一的框架内有效地履行其内控职责，并为注册会计师的内控审计提供了一个基础；更重要的是，该标准将力促公司建立有效的内控体系，为良好的公司治理奠定基础。

SOX 法案及 AS2 的实施，对内部控制审计制度产生了巨大的影响，可以说是里程碑式的。主要体现在以下几个方面：

（1）内控审计业务从辅助性业务成为一项单独的法定审计业务

在 SOX 法案及 AS2 的实施前，内控评价或审核业务还只是一项辅助性业务，名称也没有统一，有的叫作内控评价，有的叫作内控审核或审阅。SOX 法案及 AS2 的颁布实施，使得内控审计业务明确了定位，统一了称谓，并成为一项单独的注册会计师法定业务。

（2）从有限保证业务成为合理保证业务

由于该法案及 AS2 的明确要求，审计计划比较周密，程序比较复杂完整，审计证据充分适当，也就能够实现从有限保证提升为合理保证，保证程度大大提高。

（3）内部控制信息披露从自愿性转变为强制性

该法案要求所有在 SEC 备案的企业除投资公司外，管理层必须评估公司财务报告内部控制的有效性，注册会计师需要对管理层的评估报告进行审计。

当然，自 AS2 颁布以来，就反映出了内控审计的操作程序较为复杂，实施成本过高等问题。以四大为首的注册会计师行业为了降低审计风险，保护自己，对上市公司实施非常严格、非常细致的内部控制审计程序，控制测试的范围和样本量也很大，花费的审计时间、成本和资源都是很高的。美国 PCAOB 通过对 AS2 实施情况的研究表明，注册会计师对财务报告内部控制进行审计，推动了公司治理结构和内部控制的完善，提高了财务报告的质量，提升了报告使用者的信心，给企业、资本市场乃至整个社会带来了很大的效益；但是，巨大的收益也伴随着巨大的成本费用，执行内部控制审计的费用超出了预期，审计费用、法律费用和执行成本大幅增加，企业普遍反映负担沉重。针对这种情况和面临的问题，美国 PCAOB 积极反应，在听取了各方意见后，在 2007 年发布了新的第 5 号内部控制审计准则（AS5），替代了原来的 AS2，在很大范围和程度上简化了程序，降低了要求，提出了自上而下的风险导向审计方法，注册会计师可以根据被审计企业的实际情况，采取量身定制的有针对性的审计策略，主要目的就是降低了执行内部控制审计的成本，提高审计准则的可操作性。执行 AS5 号准则之后，审计程序更加合理更加有针对性，审计范围和样本量得到控制和减少，审计的时间和成本降低了，审计收费也随之降低，得到了企业的欢迎和认同。

AS5 的颁布，表明美国内控审计逐渐走向理性和成熟，也指引着其他国家内控审计的发展。美国审计的实践表明，整合审计是一种切实可行，兼顾效率和效果，综合考虑社会公众、被审计单位和注册会计师行业利益的制度安排。

3.4 日本对内部控制的实践与经验

3.4.1 日本政府的做法

第二次世界大战之后，日本政府一直效仿美国的政治体制和经济制度，并于1948年4月颁布了《证券交易法》，要求所有上市公司在申请上市时和每个会计年度末提供经注册会计师审计的财务报告；同年颁布了《注册会计师法》，规定了注册会计师的权利与义务。日本的会计制度是建立在《商法》、《证券交易法》和《税法》的基础上，但影响会计审计的是《商法》和《证券交易法》。随着经济环境的变化和金融资本市场的发展，2005年6月日本政府颁布《公司法》，合并了原《商法》和《商法特例法》的部分内容，规范了不同类型公司的会计和审计制度。日本还于2006年颁布了《金融商品交易法》（以下简称金商法）取代原《证券交易法》，用以规范上市公司的会计和审计行为。

3.4.2 安然事件后的改进

2001年美国爆发安然事件之后，日本国内也对会计、审计制度进行了研究和反思，修订了相关的法律和会计、审计准则。为强化对企业经营管理者舞弊的监督，保护投资者利益，日本"企业会计审议会"于2005年初成立了以八田进二[①]为首的"内部控制专业委员会"，研究借鉴美国的内部控制审计准则。该委员会经多方征求意见，反复讨论，几易其稿，于2007年2月由"企业会计审议会"公布了《关于财务报告内部控制评价与审计准则的制定意见

① 八田进二，日本青山大学教授，内部控制研究专家，曾翻译和出版了多部关于会计，审计的书籍。曾将美国COSO委员会1992年颁布的内部控制概念框架，1994年颁布的内部控制实务指南翻译成日语，并就其中问题发表了大量研究性论文。

书》，以及《财务报告内部控制评价与审计准则》和《财务报告内部控制评价与审计实施准则》。该准则是为了配合《金融商品交易法》的规定，实施内部控制报告制度而制定的。“意见书”要求所有上市公司于 2008 年 4 月 1 日以后的会计年度开始实施该准则。

3.4.3　内部控制评价与审计准则

日本《内部控制评价与审计准则》由以下三部分构成：内部控制的基本框架、财务报告内部控制的评价与报告、财务报告内部控制的审计。

（1）基本框架

该部分规定了企业经营层对建立内部控制制度并保证其有效运行的责任。建立内部控制制度可以提高社会对企业的信赖程度，增加融资机会，降低融资成本；但每个企业应该根据自己的特征，建立并执行适合本企业的内部控制制度。这是企业经营管理层的责任，并不是审计师的责任。

日本提出了内部控制的四大目标和六项要素等基本概念。内部控制的四个基本目标包括：①财务报告的准确可靠；②经营的效率和效果；③资产的安全；④经营活动的合法合规。由于日本企业的负债率比欧美企业高，资产的取得、使用及处分的手续比较复杂，为保护债权人的利益，人们特别关注对企业资产的处置。因此，日本在 COSO 委员会颁布的三大目标基础上，增加了“资产保全”目标。

内部控制的六项要素包括：①控制环境；②风险评估与应对；③控制活动；④信息与沟通；⑤监控；⑥信息技术的应对。其中第六项要素是日本根据当今信息技术的发展现状，考虑信息技术对控制环境和内部控制的重要影响而增加的一项要素。

（2）财务报告的内部控制评价与报告

日本采用了美国 SOX 法案的规定，企业经营层负有建立和执行内部控制的责任和义务。经营层应定期对财务报告内部控制制度运行情况进行评价，对外报告评价结果，也要提供给审计师。经营层应依据内部控制对财务报告信息质量影响的重要程度来进行评价，对于不具有重要性的分子公司、项目可以不评价；经营层可以采用风险评估的办法来确定评价顺序，先大后小、先总体后个体，如对集团企业可以先评价对合并报表整体有重要影响的控制，再根据其评价结果对子公司、业务流程相关的内部控制进行评价。经营层对内部控制的评价一定要有证据，并记录在其编制的内部控制报告里。

（3）财务报告信息的内部控制审计

经营层对财务报告信息相关的内部控制制度进行评价，其评价结果是否正确、恰当，应经注册会计师审计。日本准则特别指出，内部控制的运行涉及企业内部管理的方方面面和各个环节，注册会计师只对影响财务报告信息的内部控制制度进行审计，而不是对全部内部控制进行审计。另外，注册会计师只对经营层确认的内部控制进行审计，经营层没有确认的内部控制不在审计范围内。准则的这些规定，明确了注册会计师的审计范围，降低了注册会计师的审计责任和风险，具有较强的可操作性。

（4）成本效益的考虑

实践证明，有效的内部控制是防止、发现和纠正错误和舞弊的主要手段。审计师对于财务报告内部控制的审计是为了保证财务报告的真实可靠和公允反映，应与财务报告审计结合进行。但是，由于审计程序和审计证据的增加，无疑会增加审计成本；为了避免给审计人员和企业财务人员造成过度负担，日本政府在研究了美国执行内部控制审计的实践经验后，在准则制定时采用了以下几项策略：①运用自上而下的风险评估方法。经营层在评价内部控制的有效性时，应先从合并报表层面对内部控制整体进行评价，然后在此基础上对相关项目重大风险进行评价。②内部控制缺陷的分类。美国对于内部控制缺陷分为“重要缺陷”，“重大缺陷”和“一般缺陷”三类。日本在制定准则时认为这三种类型的划分容易造成混乱，增加审计成本。为此，日本将内部控制缺陷划分为两大类：即“重要缺陷”和“一般缺陷”，以便于分析，并减少成本。③不采用直接报告的做法。审计人员对管理层实施的内部控制评价进行审计，是从内部控制报告入手寻找审计证据、实施审计程序，没有采用美国直接报告的做法。④内部控制审计与财务报告审计可由同一注册会计师执行。根据日本准则规定，一家事务所的同一名注册会计师，可以对企业的财务报告和内部控制制度同时进行审计，所获得的审计证据可以在两种审计中同时使用，有利于节约审计资源、时间和成本，提高审计效率和效果。⑤内部控制审计报告与财务报告审计报告可以一起编制。这样不仅可以减少审计报告的程序，又可以提高效率，节约时间和成本。⑥注册会计师在进行审计时，应与审计委员会、监事会①、内部审计人员进行沟通、合作，还可以利用内部审计人员的工作成果。

(5) 日本内部控制评价与审计制度的特征

日本内部控制准则是由代表政府的企业会计审计会颁布的，其概念框架是以准则形式进行规范的，其准则是在参考美国 COSO 委员会内部控制概念框架的基础上，结合日本国情特点构建的，适合日本企业内部控制的制度体系。为了便于了解其特征，本书将日本的内部控制制度与美国加以比较，详细情况见表 3－2。

表 3－2　　　　日美内部控制准则框架比较表

项目	日本	美国
制定主体	政府部门——企业会计审议会，相当于我国的财政部会计司	COSO 委员会，隶属于民间组织性质的舞弊财务报告委员会
内部控制的目标	经营的效率和效果 财务报告的真实可靠 遵守相关法律法规 资产保全（安全）	经营的效率和效果 财务报告的真实可靠 遵守相关法律法规

① 日本企业的公司治理采用了二元化模式，即股东大会以下设董事会和监事会。但是公司法规定上市公司的治理模式既可采用二元模式设监事会，也可采用一元模式，在董事会里设审计委员会。监事会里的监事或审计委员会的董事，都要求有独立身份，以保证其客观、公正性。

续表

项目	日本	美国
内部控制的要素	控制环境 风险评估与对应 控制活动 信息与沟通 监控 信息技术的应对	控制环境 风险评估 控制活动 信息与沟通 监督
内部控制的执行与责任	明确企业管理层是内部控制的组织执行者、责任者，也是被控制者	明确企业管理层是内部控制的设计者、执行者、责任者，员工是被控制者
信息技术的应用	重视信息技术在内部控制的应用，强调信息技术对财务报告可靠性的重要性	没有特别关注和强调信息技术的重要性
与公司治理的关系	结合日本现状明确了内部控制与审计委员会、监事会的关系	仅强调内部控制与审计委员会的关系，没有强调监事会
法律规定和保证	根据公司法、金融商品交易法规定	根据萨班斯法案规定
内部控制审计报告	企业会计审议会颁布审计准则，强调注册会计师只对管理层的自我评价进行审计并发表意见，无需对企业内部控制的有效性发表意见	由 SEC 下属的 PCAOB 制定审计准则，注册会计师对管理层的自我评价进行检查，对企业内部控制的有效性发表意见
与财务报告审计的关系	采用整合审计，与财务报告审计一起执行	整合审计，与财务报告审计分开执行，可以合并或单独出具内控审计报告
成本效益的考虑	重视节约成本、并提出相应对策	第 2 号准则加重了企业的成本，第 5 号准则采取简化程序和措施，实施后能够适当降低成本

从以上分析可以看出，日本也采用整合审计的做法，从实际效果来看，反映良好。但日本内部控制审计与美国有以下几点主要区别：

第一，日本只确定两类内部控制缺陷，即重大缺陷和一般缺陷，没有重要缺陷，而不像美国有三类缺陷。主要原因是日本理论和实务界均认为在实践中很难区分重大和重要缺陷，会增加企业和审计的成本费用，因此没有设立重要缺陷。

第二，政策和准则的制定主体是政府部门，即企业会计审议会。这个机构类似于我国财政部会计司，由政府部门直接来推动内部控制的建设和审计；而在美国内部控制的制定机构是 COSO 组织，只有内部控制审计的制定机构是美国证监会下属的 PCAOB，具有政府部门的性质和权威。

第三，日本更加重视信息技术在内部控制审计中的运用，强调信息技术对财务报告可靠性的重要性。

3.5　本章小结

本章通过对企业内部控制实践发展过程的梳理和阐述，说明了企业内部控制产生和发展的内在动因和外部推动力，阐述了内部控制发展的四个主要阶段：内部牵制阶段、内部控制制度阶段、内部控制结构阶段、内部控制整合框架阶段，美国后安然时代的内部控制发展变化，和以企业风险管理为主题的内控框架的最新发展。

针对内部控制审计，本章分析阐述了注册会计师审计理念与方法的历史演进过程，从传统以查错防弊为目的的账项审计，到制度基础审计，再发展到现代风险导向审计，以及现代风险导向审计理念。内部控制审计作为一种新型的审计业务，审计理念与方法的发展变化直接影响内部控制审计的实践活动，风险导向审计理念和自上而下的审计方法在内部控制审计实践中也得到充分的运用和体现。本章也介绍了美国内部控制审计的历史发展过程，以及对世界各国内部控制审计理论和实践的影响；日本对内部控制的实践与经验，以及日美内部控制准则框架的比较；美日两国开展内部控制建设和审计的主要经验、做法和未来发展趋势，美国注册会计师行业在实施整合审计过程中发现的问题和改进，为我国开展内部控制审计提供有益的经验借鉴。

内部控制审计在我国的发展历程、现状及存在的问题

在上一章笔者分析了内部控制与审计制度在美国、日本等主要发达国家的历史发展过程和经验做法。我们知道，内部控制审计是在审计和内部控制的基础上产生的，因此，本章首先回顾审计、注册会计师审计在我国产生和发展的历史过程，再阐述内部控制在我国的历史演进和发展过程，最后分析内部控制审计在我国的现状、存在的问题及原因。

4.1　我国注册会计师审计的产生和发展

4.1.1　我国审计的产生和发展

奴隶社会末期的西周时期是我国审计的初步形成阶段。当时国家设立的宰夫职位是独立于财计部门之外的官职，标志着我国国家审计的产生。迈克尔·查特菲尔德[①]在其名著《会计思想史》一书

① 迈克尔·查特菲尔德（Chatfield · Michael）是美国著名的会计史学家，《会计思想史》（A History of Accounting Thought）是其完成于1974 年的一部会计史学方面的名著。这部著作以大量论文和书籍中所包含的会计史知识为基础，通过对会计历史中所有重大发展阶段的重大问题的讨论，以较详实的资料介绍了有关会计思想发展的基本观点。

中对我国西周的审计制度进行了充分肯定，指出："在内部管理、预算和审计程序方面，中国西周时期在古代世界可以说是无与伦比的。"

我国审计在以后的历史过程中不断发展变化，于民国时期不断演进完善。国民政府比较重视审计工作，1912 年在国务院下设审计处，1914 年北洋政府改为审计院，同年颁布了《审计法》。国民党政府也于 1928 年颁布过《审计法》及其实施细则，1929 年还颁布了《审计组织法》，审计人员包括审计、协审、稽察等不同职级。

中华人民共和国成立以后，国家没有设置独立的审计机构。在 1982 年修改的《宪法》中规定建立国家审计制度，1983 年成立了国家最高审计机关——审计署，并设立地方各级审计机构。在 1995 年颁布《审计法》，确定了国家审计的法律地位。为进一步完善审计监督体系，加强内部审计监督，我国于 1984 年建立内部审计监督机制，成立了内部审计机构。2003 年 3 月，审计署颁布修订后的《审计署关于内部审计工作的规定》。至此，我国形成了国家审计、社会审计和内部审计三位一体的审计监督体系，审计制度和审计工作进入了振兴时期。

4.1.2 我国注册会计师审计的产生和发展

党的十一届三中全会以后，党和国家把工作重心转移到经济建设上来，为注册会计师制度的恢复创造了客观条件。随着我国改革开放政策的实施，外商投资日益增多，1980 年，财政部颁布了《中外合资经营企业所得税法实施细则》，规定外商投资企业的财务报表都要由注册会计师进行审计；同年，财政部发布《关于成立会计顾问处的暂行规定》，标志着我国注册会计职业开始恢复。1981 年 1 月 1 日，财政部批准成立了新中国第一家会计师事务所——上海会计师事务所。1986 年 7 月，国务院颁布《中华人民共和国注册会计师条例》，同年 10 月 1 日起实施。1988 年 11 月，财政部借鉴国际惯例成立了中国注册会计师协会，各地方相继组建省级注册会计师协会，全面加强对会计师事务所和注册会计师的管理。1993

年 10 月，八届全国人大四次会议审议通过了《中华人民共和国注册会计师法》，自 1994 年 1 月 1 日起实施。

在法律、法规的规范下，在政府主管部门的支持下，我国注册会计师行业得到了迅速发展。一是业务领域不断拓展。注册会计师业务领域从最初的主要为三资企业提供审计验资业务，发展到为所有企业提供财务报表审计、验资等业务。二是注册会计师队伍不断扩大。自 1991 年开设注册会计师考试以来，至 2010 年已经成功举办了 17 次考试，约 14 万人获得全科合格证书，为行业发展输送了大量优秀人才。三是不断完善执业标准建设。我国大力推行审计准则国际趋同战略，2006 年颁布的审计准则体系实现了国际审计的趋同，并在 2010 年重新修订，实现了持续趋同。四是不断密切国际合作。1996 年 10 月，中注协加入亚太会计师联合会，并于次年 4 月当选为理事。1997 年，中注协正式成为国际会计师联合会（IFAC）的会员。中注协还积极向国际审计与鉴证准则理事会等国际组织选派代表，与 30 多个国家和地区的职业组织建立了合作关系，国际影响力和话语权不断提高。进入新世纪，在财政部的领导下，中注协逐步深入实施行业五大发展战略，即人才培养战略、准则国际趋同战略、事务所做大做强战略、新业务拓展战略和行业信息化战略，取得了骄人成绩。特别是在 2009 年 10 月 3 日，国务院办公厅下发了国办发［2009］56 号文，转发财政部《关于加快发展我国注册会计师行业若干意见的通知》，从中央政府的高度，为注册会计师行业的发展作出了整体规划，开启了我国注册会计师行业发展的新篇章。

4.2　我国企业内部控制的发展历程及规范体系

4.2.1　我国企业内部控制的发展历程

我国自改革开放以来，随着市场经济的不断发展，企业面临各种各样的风险。为促进企业规范公司治理、健康持续发展、遏制贪污腐败、防止国有资产流失、规避和降低各类风险，政府有关部门陆续出台了一系列关于内部控制和风险管理的法律法规，但都是单个的政府部门文件规定，比较分散，没有形成一个统一的内部控制管理系统规范。直到2006年7月，财政部发起成立了“企业内部控制标准委员会”，中国注册会计师协会也成立了“会计师事务所内部治理指导委员会”。2008年5月，财政部联合审计署等五部委共同发布了《基本规范》。2010年4月26日，财政部联合证监会等部委在北京召开新闻发布会，隆重发布了《配套指引》。该配套指引由18项应用指引（以后还将发布针对银行、证券和保险业务的3项应用指引），《企业内部控制评价指引》和《企业内部控制审计指引》组成。该配套指引连同2008年5月发布的《基本规范》，共同构建成为中国企业内部控制规范体系。至此我国已经形成了一套完整的内部控制体系。

4.2.2 我国企业内部控制规范体系及其主要内容

我国企业内部控制规范体系由一个基本规范、21个应用指引（目前为18个），一个企业内部控制评价指引和企业内部控制审计指引组成，自2011年1月1日起首先在A+H上市公司施行，自2012年1月1日起在所有主板上市公司施行；在此基础上，择机在中小板和创业板上市公司施行；同时鼓励非上市大中型企业提前执行。执行企业内部控制规范体系的企业，企业董事会必须对本企业内部控制的有效性进行自我评价，披露年度自我评价报告，同时聘请有证券资格的会计师事务所对其财务报告内部控制的有效性进行审计，出具审计报告。财政部、证监会等政府监管部门将对执行内部控制规范体系的情况进行监督检查，这是全面提升我国上市公司和非上市大中型企业经营管理水平的重要举措，也是我国应对国际金融危机的重要制度安排。

(1)《基本规范》的框架及主要内容

《基本规范》共分七章，包括总则、内部环境、风险评估、控制活动、信息与沟通、内部监督和附则。其中：

内部环境是企业实施内部控制的基础，一般包括治理结构、机构设置及权责分配、内部审计、人力资源政策、企业文化等。

风险评估是企业及时识别、系统分析经营活动中与实现内部控制目标相关的风险，合理确定风险应对策略。

控制活动是企业根据风险评估结果，采用相应的控制措施，将风险控制在可承受度之内。

信息与沟通是企业及时、准确地收集、传递与内部控制相关的信息，确保信息在企业内部、企业与外部之间进行有效沟通。

内部监督是企业对内部控制建立与实施情况进行监督检查，评价内部控制的有效性，发现内部控制缺陷应当及时加以改进。

（2）应用指引的主要内容

应用指引在整个内部控制规范体系中占据主体地位，是指企业按照内部控制基本原则和五要素的要求，为建立、健全本企业内部控制所提供的指引，它包括内部环境类、控制活动类和控制手段类三大类，基本涵盖了企业资金流、实物流和信息流等各项业务流程。

①内部环境类指引，内部环境是企业实施内部控制的基础，影响全体员工实施控制活动、履行控制责任的意识、态度和行为。内部环境类指引包括组织架构、发展战略、人力资源、企业文化和社会责任 5 个具体指引。

②控制活动类指引，是指对各项具体业务活动实施相应控制的指引，包括资金活动、销售业务、采购业务、资产管理、工程项目、研究与开发、业务外包、担保业务、财务报告 9 个具体指引。

③控制手段类指引，偏重于管理“工具”性质，包括全面预算、合同管理、内部信息传递和信息系统 4 个具体指引。

《基本规范》及 18 项应用指引，立足我国经济社会发展的现实情况，考虑我国企业面临的国情和社情，借鉴主要发达国家的经验和做法，保持框架结构的大体一致，但在制度要求的范围、口径、强制力，以及具体要素、业务流程的内容及相互关系等方面，体现了很多适应我国社会主义市场经济发展要求的特色。

(3) 企业内部控制评价指引

企业内部控制评价指引，是为满足企业管理层（董事会）对本企业内部控制有效性进行自我评价的需求所提供的指引。内部控制评价是指企业董事会或类似决策机构对内部控制的有效性进行全面评价、形成评价结论、出具评价报告的过程。在企业内部控制实务中，内部控制评价是极为重要的一环。但是，如何科学评价中国企业内部控制制度，不能简单照搬照抄经济发达国家的现成做法，应充分考虑我国社会主义市场经济发展的特色，我国企业面临的国情、社情、经济发展阶段和实际情况。《企业内部控制评价指引》的制定发布，为我国企业开展内部控制自我评价提供了一个共同遵循的、统一的权威性标准，有利于提高投资者、社会公众乃至国际资本市场对中国企业的信任度，增强中国企业的国际竞争力。

(4) 企业内部控制审计指引

企业内部控制审计指引，是注册会计师和会计师事务所执行内部控制审计业务的执业准则。内部控制审计是指会计师事务所接受委托，对特定基准日内部控制设计与运行的有效性进行审计。内部控制审计是企业内部控制规范体系实施的强制性要求，有利于促进企业建立、健全内部控制体系，也有利于提高企业财务报告及其相关信息的可靠性。美国、日本等国家都作出这种制度安排，我国也制定了《企业内部控制审计指引》，用以规范注册会计师执行内部控制审计业务。

4.2.3 我国内部控制规范体系的创新和突破

我国企业内部控制规范体系的建设采取了借鉴国际、立足国情的原则，充分吸收了国际发达国家、国际组织、跨国公司，特别是世界五百强企业的先进做法，同时认真总结和提升了我国各类企业特别是上市公司的实践经验。在基本规范和配套指引发布前，反复征求国内外政府监管部门、专家、学者、企业实际工作人员的意见，并邀请国内外有关方面专家参加发布会，得到了专家们的充分肯定和高度评价。总体来说，我国企业内部控制规范有以下五个显著特征：

（1）高度权威性

我国内部控制规范体系由财政部联合国务院五部委发布，具有高度的权威性、公认性和法律约束力，这在国外是很难做到的。国外的内控体系是由民间组织，或者半官方组织，或者某个单一政府部门发布，没有像我国这样五部委联合发布的。

（2）具有很强的针对性和操作性

配套指引中的 18 项应用指引、1 项评价指引和 1 项审计指引，通俗易懂、简便易行，又有案例解释，便于企业操作和借鉴；而国外的内控体系基本上只提供概念、定义、原理、原则、要素，缺乏案例解释和具体操作指引，不利于实际操作和贯彻执行。

（3）以促进企业健康持续发展为最终目标

我国的内部控制规范体系涵盖范围广，包括保障财务报告的真实可靠、合法合规经营、资产安全、提高经营效率和效果，促进企业实现发展战略五个目标，促进企业健康持续发展是核心目标；而不像美国 SOX 的规定，将内控的主要目标定位于保障财务报告的真实可靠。

（4）统一品牌

我国的内控体系将各个政府主管部门单项的、分散的规定和指引进行了整合，形成了统一的品牌，并借鉴了国内外的内控理论、先进经验和做法，从而为我国的内控体系走向国际奠定了坚实的基础。

（5）实施范围广

我国内控规范体系不仅适用于上市公司，而且适用于非上市的大中型企业。由于我国不仅有大量的上市公司，还有为数不少的关系国计民生、对国民经济和社会发展具有重大影响力的国有企业，有些集团企业还是世界 500 强企业。因此，鼓励并要求这些企业实施内控规范体系是非常有必要的。

上述这些特征也说明，我国内控体系的建设和发布实施，推动了世界内控体系的建设和发展，赢得了国际同行的高度认可和赞誉，为世界内控体系的建设作出了积极贡献。香港会计师公会会长冯英伟向记者表示，中国发布的内控体系既全面又令人印象深刻，美国萨班斯法案规定的内控仅限于与财务报告相关的内控，而中国的内控体系扩大到财务报告以外广泛领域，更加具体全面，中国的内控建设应该居于世界领先地位。国际会计准则理事会（IASB）主席戴维·泰迪爵士表示，他惊诧于中国能够发布如此全面的内控体系，内容如此广泛全面，规范明确了企业建设和实施内部控制的任务和方向，指明了企业全面提升管理水平和防范风险的目标和方向，值得其他国家学习。澳门特区财政局副局长容光亮表示，大陆发布的内控体系对澳门具有极好的参考价值，他们将认真研究、学习大陆企业在实施过程中的各种情况，为澳门企业强化内控工作做好准备。世界银行高级财务管理专家陈楠希也对我国内控体系的发布给予高度评价，认为《配套指引》应作为企业管理的核心，未来企业的发展将是与风险博弈的过程。① 对我国内控体系的这些评述和赞誉，指出了我国企业有效实施内部控制的精髓，同时也描绘了我国企业内控建设和发展的未来。

4.3 内部控制审计现状及问题分析

4.3.1 内部控制审计在中国的现状

在我国，2011 年度是实施内部控制审计的第一年。根据 2011 年度股东大会和 2010 年度、2011 年度报告的公开资料，我们对 68 家 A + H 上市公司 2011 年度审计费用与 2010 年度审计费用进行比较分析，详细情况见表 4 – 1。

① 2010 年 4 月 26 日，冯英伟、戴维·泰迪、荣光亮等人在《企业内部控制配套指引》发布会上的讲话。

表 4－1　68 家 A＋H 上市公司 2011 年度与 2010 年度审计费用比较

单位：人民币万元

序号	公司名称	2011 年度会计师事务所	2011 年度审计费用		2010 年度审计费用		增减变化（%）	备注
			报表	内控	报表	内控	总额	
1	工商银行	安永和安永华明	14 760.00		15 780.00		－6.46%	
2	建设银行	普华永道中天和罗兵咸永道	14 000.00		14 040.00		－0.28%	2010 年为毕马威
3	民生银行	毕马威和毕马威华振	800.00		760.00		5.26%	2010 年为普华永道中天和罗兵咸永道
4	农业银行	德勤华永和德勤·关黄陈方	12 010.00	790.00	12 800.00		－6.17%	
5	中国银行	普华永道中天和罗兵咸永道	15 010.00	1 670.00	16 680.00		－10.01%	
6	中信银行	毕马威华振	1 030.00		920.00		11.96%	
7	交通银行	德勤华永和德勤·关黄陈方	2 780.00		3 728.00		－25.43%	2010 年 H 股审计师为罗兵咸永道
8	招商银行	毕马威和毕马威华振	770.00		770.00		0.00%	
9	中国人寿	普华永道中天和罗兵咸永道	5 425.00		6 390.00		－15.10%	
10	中国太保	安永和安永华明	1 298.20	149.70	1 543.00	141.00	－14.02%	
11	中国平安	安永和安永华明			3 900.00			
12	中国国航	安永和安永华明			1 128.00			
13	南方航空	毕马威和毕马威华振			1 200.00			
14	东方航空	普华永道中天和罗兵咸永道	1 610.00		1 668.00		－3.48%	

续表

序号	公司名称	2011 年度会计师事务所	2011 年度审计费用		2010 年度审计费用		增减变化（%）	备注
			报表	内控	报表	内控	总额	
15	中国神华	毕马威和毕马威华振						
16	中煤能源	普华永道中天和罗兵咸永道	1 150.00		1 230.00		-6.50%	
17	中国石油	普华永道中天和罗兵咸永道	7 000.00		7 400.00		-5.41%	
18	华能国际	普华永道中天和罗兵咸永道	2 041.00	400.00	1 655.00	500.00	13.27%	
19	大唐发电	中瑞岳华	1 378.00		1 438.00		-4.17%	
20	紫金矿业	安永华明	685.00		550.00		24.55%	
21	江西铜业	安永华明	949.00		810.00		17.16%	
22	兖州煤业	京都天华和信永中和	730 万元人民币 + 80 万澳元		730 万元人民币 + 80 万澳元		0.00%	2010 年度审计师为均富会计师行
23	华电国际	毕马威华振	1 200.00		1 055.00		13.74%	
24	中海发展	天职国际和天职香港	330.00		316.50		4.27%	
25	中海油服	安永和安永华明						
26	中国联通	普华永道中天	400.00		339.00		17.99%	
27	中兴通讯	安永华明			100 万元人民币 + 518 万港币			
28	皖通高速	普华永道中天和罗兵咸永道			200.00			

续表

序号	公司名称	2011 年度会计师事务所	2011 年度审计费用		2010 年度审计费用		增减变化（%）	备注
			报表	内控	报表	内控	总额	
29	广深铁路	普华永道中天和罗兵咸永道			868.00			
30	深高速	普华永道中天	298.00	70.00	340.00		8.24%	
31	海螺水泥	毕马威和毕马威华振	485.00		425.00		14.12%	
32	*ST 北人	信永中和	108.00	30.00	115.00		20.00%	
33	中国铁建	安永和安永华明	2 980.00	240.00	3 300.00		-2.42%	
34	中国中铁	德勤	4 397.00		4 397.00		0.00%	
35	北辰实业	普华永道中天和罗兵咸永道			647.00			
36	中国中冶	普华永道中天和罗兵咸永道						
37	中国南车	安永和安永华明			1 850.00			
38	中国石化	毕马威和毕马威华振			6 600 港币			
39	中国铝业	普华永道中天和罗兵咸永道						
40	经纬纺机	天职国际	300.00		300.00		0.00%	
41	大连港	利安达			25.00			
42	广州药业	立信羊城						2010 年度审计师为普华永道中天

续表

序号	公司名称	2011 年度会计师事务所	2011 年度审计费用		2010 年度审计费用		增减变化（%）	备注
			报表	内控	报表	内控	总额	
43	广船国际	天健正信			278.00			2010 年度审计师为信永中和
44	ST 科龙	大华	240.00		152.00		57.89%	2010 年度国富浩华会计师事务
45	宁沪高速	德勤华永	265.00		220.00		20.45%	
46	S 仪化	毕马威华振	150.00	20.00	150.00		0.00%	
47	ST 洛玻	大信	130.00		130.00		0.00%	
48	中联重科	天职国际			785.00			
49	鞍钢股份	中瑞岳华	610.00		610.00		0.00%	
50	东北电气	深圳鹏程	135.00		165.00		-18.18%	
51	青岛啤酒	普华永道中天	660.00		580.00		13.79%	
52	潍柴动力	安永华明						2010 年审计师为山东正源和信、安永
53	新华制药	信永中和	84.00		84.00		0.00%	
54	山东墨龙	德勤华永	110.00		80.00		37.50%	

续表

序号	公司名称	2011 年度会计师事务所	2011 年度审计费用		2010 年度审计费用		增减变化（%）	备注
			报表	内控	报表	内控	总额	
55	上海电气	安永			1 871.50			
56	中海集运	天职国际和罗宾咸永道	1 374.00		1 374.00		0.00%	
57	S 上石化	毕马威华振	853.00		830.00		2.77%	
58	东方电气	信永中和	250.00		230.00		8.70%	
59	四川成渝	安永和信永中和	2 260.00		1 930.00		17.10%	
60	中国远洋	中瑞岳华和罗宾咸永道			4 197.00			
61	中新药业	中瑞岳华和 RSM 石特林	330.00		330.00		0.00%	
62	创业环保	普华永道中天和罗兵咸永道	420.00		375.00		12.00%	
63	金风科技	安永华明			390 00			
64	昆明机床	毕马威华振	270.00		290.00		-6.90%	2010 年审计师为中准和毕马威
65	重庆钢铁	毕马威华振	350.00		280.00		25.00%	审计费上涨系 2011 年收入大幅上涨
66	晨鸣纸业	中瑞岳华	200.00		200.00		0.00%	
67	马钢股份	安永华明	420.00		453.50		-7.39%	
68	南京熊猫	天职国际						

从表 4 - 1 分析，我们发现了如下几个情况：

由于中国神华、中海油服、中国中冶、中国铝业、潍柴动力、广州药业、南京熊猫没有公布 2010 年度和 2011 年度的审计费用，我们剔除了这七家公司。有几家公司没有公布 2011 年度的审计费用，我们无法进行比较，但通过其他渠道进行了解，得知绝大多数公司 2011 年度审计费用总体与去年持平，不会有增长，即使个别公司由于审计范围或工作量增加而增加审计费用，平均增长幅度也很小，低于 10%。

2011 年度虽然要求单独出具内部控制审计报告，但整体审计费用没有增长；仅个别公司审计费用有所增加，增幅最大的是山东墨龙，增幅为 38%；增幅第二为重庆钢铁，增幅 25%；增幅第三为紫金矿业，增幅为 24.55%。

以四大国有商业银行为代表的金融保险上市公司，整体审计费用没有增长，一些银行还降低了审计费用，如交通银行在更换 H 股审计师后，2011 年度整体审计费用比 2010 年下降了 25%，从 3 728 万元人民币降为 2 780 万元。

从上述结果分析发现，2011 年虽然要求单独出具内部控制审计报告，但 68 家 A + H 上市公司整体审计费用与 2010 年度相比并没有增长，在考虑了通货膨胀和人工成本上升的因素后，笔者认为实际审计收费是略有降低的。分析其原因，主要有两点：一是整合审计确实有助于提高审计的效率和效果，有助于降低审计成本费用，因此也从实证的角度证明了整合审计的可行性和必要性；二是由于审计市场竞争的影响，会计师事务所很难提高审计费用，这也说明当前中国的证券审计市场竞争十分激烈。

4.3.2 2011 年度内部控制审计报告分析

截至 2012 年 4 月 24 日，会计师事务所共为 213 家上市公司出具了内部控制审计报告（详见表 4 - 2），其中，标准内部控制审计报告 210 份，带强调事项段的无保留意见内部控制审计报告 2 份，否定意见的内部控制审计报告 1 份。

表 4－2　上市公司 2011 年内部控制审计报告审计意见汇总表

审计意见类型	截至 2012 年 4 月 18 日累计	本周新增	截至 2012 年 4 月 24 日累计
（标准）无保留意见	190	20	210
带强调事项段的无保留意见	2	0	2
否定意见	1	0	1
无法表示意见	0	0	0
合计	193	20	213

从上表中可以看出，99% 的事务所都对上市公司出具了标准无保留意见的审计报告。下面笔者对这三份非标意见审计报告进行分析解读。

（1）2012 年 3 月 23 日，信永中和事务所对新华制药出具了否定意见的内部控制审计报告，否定意见内容如下：

“四、导致否定意见的事项

重大缺陷是内部控制中存在的、可能导致不能及时防止或发现并纠正财务报表出现重大错报的一项控制缺陷或多项控制缺陷的组合。

新华制药内部控制存在如下重大缺陷：

（1）新华制药下属子公司山东新华医药贸易有限公司（以下简称医贸公司）内部控制制度对多头授信无明确规定，在实际执行中，医贸公司的鲁中分公司、工业销售部门、商业销售部门等三个部门分别向同一客户授信，使得授信额度过大。

（2）新华制药下属子公司医贸公司内部控制制度规定对客户授信额度不大于客户注册资本，但医贸公司在实际执行中，对部分客户超出客户注册资本授信，使得授信额度过大，同时医贸公司也存在未授信发货的情况。

上述重大缺陷使得新华制药对山东欣康祺医药有限公司（以下

简称"欣康祺医药")及与其存在担保关系方形成大额应收款项60，731千元，同时，因欣康祺医药经营出现异常，资金链断裂，可能使新华制药遭受较大经济损失。2011年度，新华制药对应收欣康祺医药及与其存在担保关系方货款计提了48，585千元坏账准备。

有效的内部控制能够为财务报告及相关信息的真实完整提供合理保证，而上述重大缺陷使新华制药内部控制失去这一功能。

新华制药管理层已识别出上述重大缺陷，并将其包含在企业内部控制评价报告中，上述缺陷在所有重大方面得到公允反映。在新华制药2011年财务报表审计中，我们已经考虑了上述重大缺陷对审计程序的性质、时间安排和范围的影响。本报告并未对我们在2012年3月23日对新华制药2011年财务报表出具的审计报告产生影响。

五、财务报告内部控制审计意见

我们认为，由于存在上述重大缺陷及其对实现控制目标的影响，新华制药于2011年12月31日未能按照《企业内部控制基本规范》和相关规定在所有重大方面保持有效的财务报告内部控制。"

虽然事务所对新华制药出具了否定意见的内控审计报告，但由于对应收账款计提了80%的坏账准备，事务所还是对财务报表发表了标准无保留意见。然而，理论界对此有不同的理解和声音，有的还对事务所提出了严重质疑。武汉大学法学院教授孟勤国对于审计报告中出现这样的文字表述感到惊异，他在接受《证券日报》记者采访时直呼"应该把说这话糊弄投资者的事务所吊销执照。"①

（2）大华会计师事务所对华孚色纺股份有限公司出具了带强调事项段的内部控制审计报告，具体内容如下：

"六、强调事项

我们提醒内部控制审计报告使用者关注，华孚色纺股份有限公

① 新华制药2011年度内部控制审计报告，XYZH/2011A1052。

司母公司及重要子公司截至 2011 年 12 月 31 日尚未建立风险管理制度和无形资产管理制度。截至审计报告日，华孚色纺股份有限公司母公司及重要子公司已经对上述缺陷进行了整改，分别制定了《风险管理程序》和《无形资产管理作业指导书》，规范了相应的业务操作流程。本段内容不影响已对财务报告内部控制发表的审计意见。"①

（3）江苏苏亚金诚会计师事务所对徐工集团工程机械股份有限公司母公司及重要子公司出具了带强调事项段的内部控制审计报告，具体内容如下：

"五、强调事项

我们提醒内部控制审计报告使用者关注，纳入本项财务报告内部控制审计范围的徐工机械母公司及其重要子公司（即徐州重型机械有限公司）总资产、营业收入和净利润三项指标占 2010 年度合并财务报表相应指标的比例分别为 92.30%、96.44% 和 98.80%。本段内容不影响已对财务报告内部控制发表的审计意见。"②

针对上述三份非标意见的内控审计报告，笔者认为，信永中和事务所对新华制药出具了否定意见的内部控制审计报告，但只要审计师发现了与该内部控制相关的财务报表重大错报，并且企业也接受了审计调整意见，事务所是可以对财务报表发表标准无保留意见的。但是理论界的评论表明理论界对内部控制审计实务还存在着不同的理解，甚至存在误解，需要理论和实务界加强沟通和交流，共同促进我国的内部控制审计和财务报表审计。

苏亚金诚会计师事务所出具的强调事项段并不属于强调事项的内容。因为根据内控审计指引的规定，强调事项是当注册会计师认为财务报告内部控制虽不存在重大缺陷，但仍有一项或多项重大事项需要提请报告使用者注意的事项。显然，内部控制审计并不属于

① 华孚色纺 2011 年度内部控制审计报告，大华内审字［2012］004 号。

② 针对徐工集团工程机械股份有限公司母公司及重要子公司内部控制的审计报告，亚审［2012］359 号。

该范畴。

4.3.3 内部控制审计存在的问题

由于我国从2011年开始逐步强制要求上市公司执行内部控制审计，并建议采用整合审计策略，但整合审计在实务中存在的困难和挑战还没有完全反映出来，特别是如何通过整合审计，优化审计流程，提高效率和效果，降低成本费用，节约审计资源和企业资源；以及如何正确地出具内控审计报告，特别是如何恰当地发表非标意见，为报告使用者提供决策有用的信息，是面临的主要问题和挑战。

笔者通过对中注协2010年度排名前100名的证券资格事务所（包括国际四大的中国成员所）经理级别以上注册会计师的调查问卷和实地访谈，问卷回复和访谈合计58名注册会计师，得出如下信息。调查问卷具体内容见附录。

（1）被调查对象的基本情况分析

本次问卷调查的对象是在中注协2010年度排名前100名的有证券资格事务所（包括国际四大的中国成员所）经理级别以上人员，主要是中注协培养的注册会计师领军后备人才，发放问卷97份，回收42份，回收率为43.30%，被调查对象64.29%有10年以上审计工作年限，35.71%为5—10年工作年限，详见图4－1；约35.71%为高级经理或部门经理，50.00%为合伙人，详见图4－2；31—35岁的占35.71%，36—40岁的占50.00%，41—45岁的占14.29%，详见图4－3。表明被调查对象都为我国大中型事务所的业务骨干。

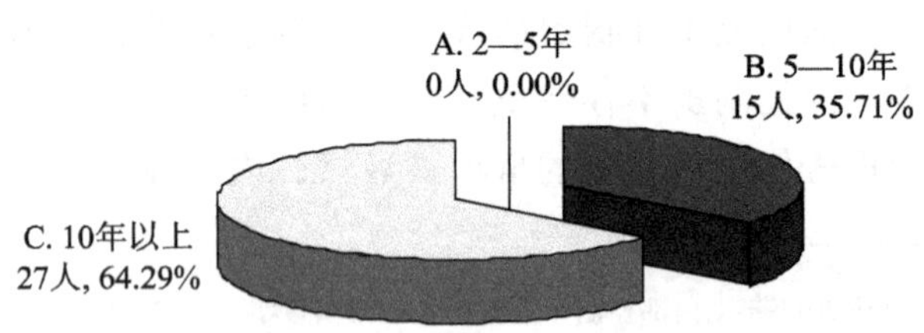

图4－1 被调查对象从事审计工作的年限分布图

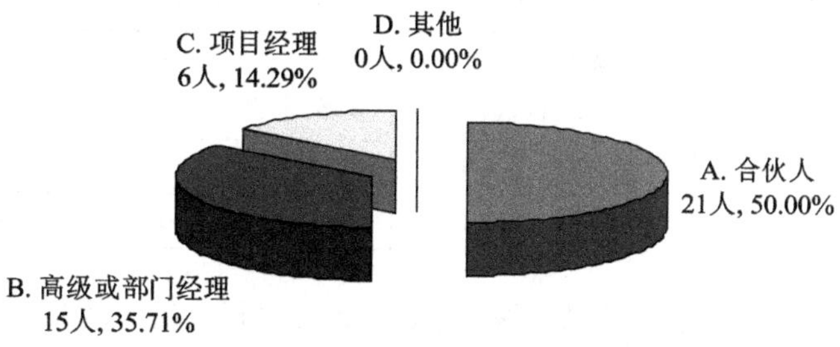

图 4－2　被调查对象在事务所的职位分布图

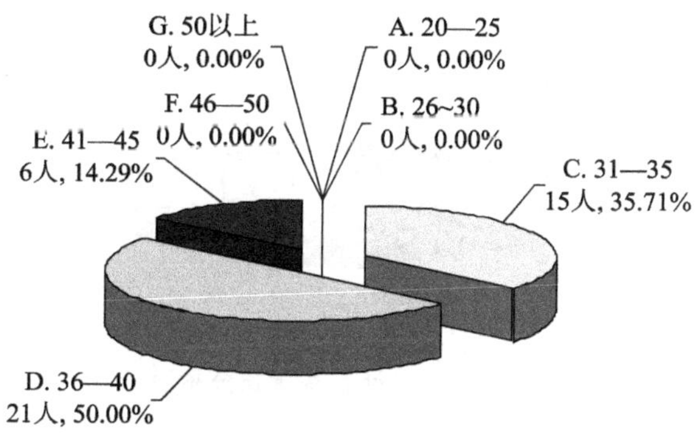

图 4－3　被调查对象年龄分布图

（2）关于内控审计报告的基本情况分析

①关于内控审计报告和审计意见的出具情况。64.29%的被调查者表示没有出具过内控审计报告，只有35.71%的被调查者表示出具过，皆为标准无保留意见的审计报告，详见图4－4和表4－3；

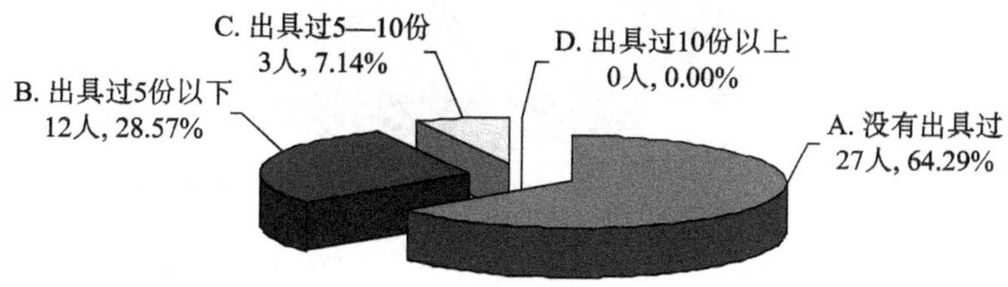

图 4－4　被调查对象出具内部控制审计报告分布图

表 4－3　被调查对象出具内部控制审计意见份数分布表

意见类型	A. 标准无保留份数	B. 强调事项段份数	C. 无法表示意见份数	D. 否定份数	E. 非财务报告的重大缺陷描述段份数	合计
份数	45	0	0	0	0	45
占比	100.00%	0.00%	0.00%	0.00%	0.00%	100.00%

②关于审计收费方面。审计收费增长方面，认为增长在 10% 以内的占 46.15%，认为增长在 10%—20% 的占 15.38%，认为增长在 20%—30% 的占 30.77%，认为增长在 50% 以上的占 7.69%；

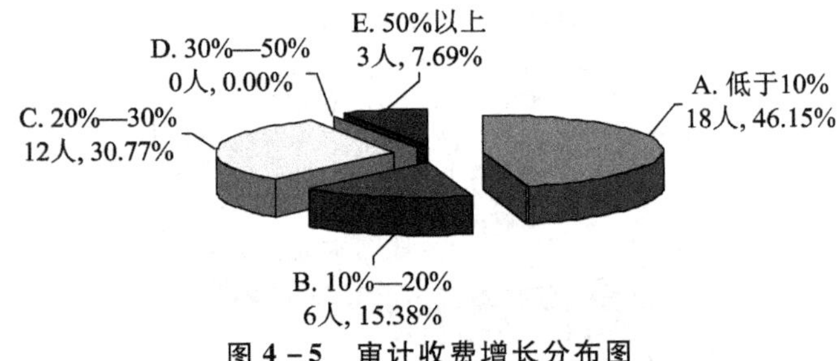

图 4－5　审计收费增长分布图

③关于审计方式。69.23% 的被调查者都认可整合审计方式，并单独出具内控审计报告；30.77% 的被调查者认可单独进行内控审计，且单独出具内控审计报告，这完全符合审计指引的规定要求。

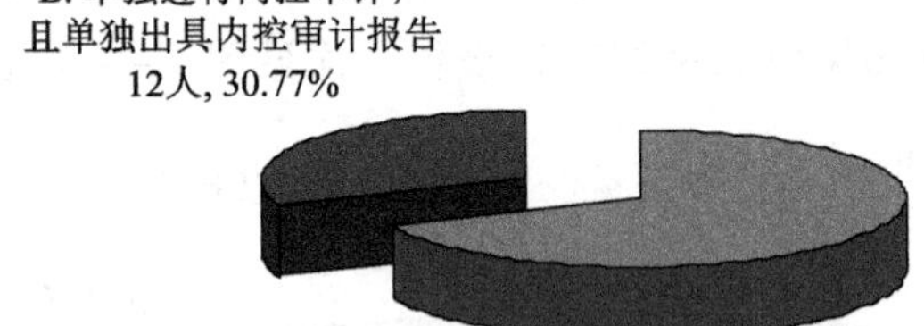

图 4－6　审计方式分布图

④关于财务报告审计和内控审计意见的关系。92.86%的被调查者都表示同意，如果财务报表为非标意见，则内控审计报告必然为非标；但反过来内控审计报告为非标，而财务报表审计报告则不一定为非标，只有7.14%的被调查者不同意。

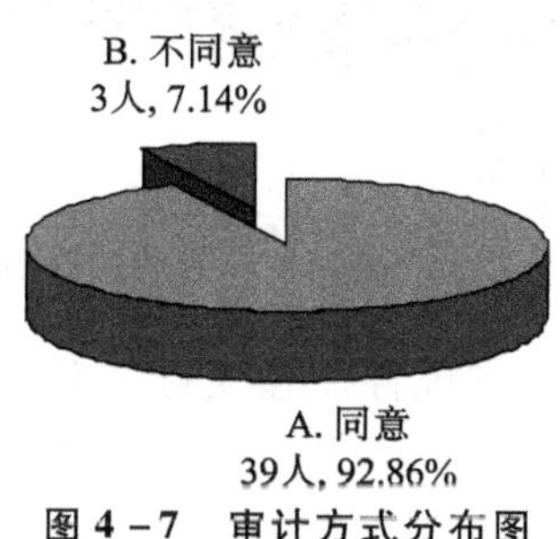

图 4－7　审计方式分布图

(3) 关于对内审人员工作和董事会的内控评价工作利用情况

①对内审人员的利用情况。28.57%的被调查者认为对内审人员的工作利用较好，也有28.57%的被调查者认为对内审人员的工作利用要视情况而定，如内审人员的地位、能力和独立性等，但有42.86%的被调查者认为对内审人员的工作利用不好，详见图4－8。利用不好的主要原因为内审及相关人员的能力和素质不够的占38.89%，内审及相关人员独立性和地位较差的占61.11%，详见图4－9。内审部门的独立性必须落实，否则形同虚设、流于形式；另外内控评价应和负责人的业绩考核联系在一起，才能加强企业上下对内控工作的重视。

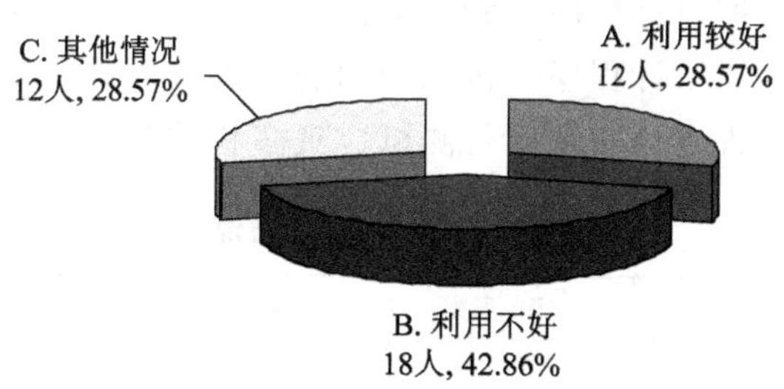

图 4－8　对内审人员的利用情况分布图

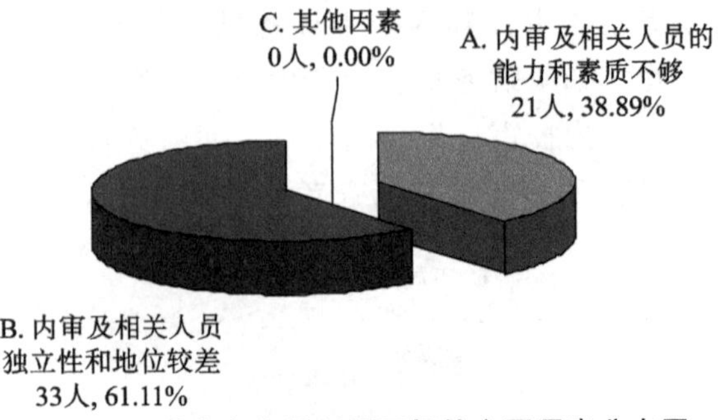

图 4-9　对内审人员利用不好的主要因素分布图

②关于内控评价的有效性。在实际工作中，25.00%的被调查者认为董事会对内控的评价是有效的，18.75%的被调查者认为董事会对内控的评价是无效的，56.25%的被调查者认为董事会对内控的评价是流于形式，走过场，详见图 4-10。

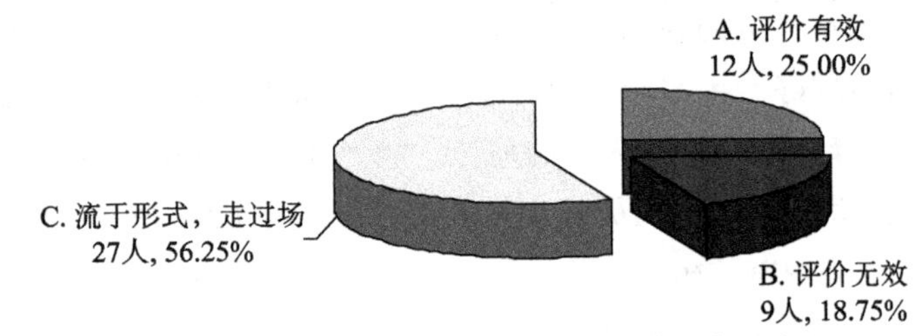

图 4-10　对内审人员利用不好的主要因素分布图

（4）关于审计程序和缺陷关注方面

①关于内控审计程序。针对询问、观察、检查、穿行测试和重新执行五大内控审计程序，按照使用的多少排序如下，使用最多的程序依次是检查、询问、穿行测试、观察和重新执行。

表 4-4　内控审计程序使用情况

审计程序	A. 询问	B. 观察	C. 检查	D. 穿行测试	E. 重新执行
使用程度	90	111	81	102	123
使用程度排序	2	4	1	3	5

②关于内控重大缺陷的界定。表明内部控制可能存在重大缺陷的迹象，《内部控制审计指引》列示了以下四种主要情形：发现高级管理人员任何性质的舞弊行为（无论舞弊是否重大）；更正已经公布的财务报表，以反映对错误或舞弊导致错报的纠正；审计师发现当期财务报表的重大错报，但该错报没有被公司财务报告内部控制发现；公司审计委员和内审机构对内部控制的监督失效。根据调查问卷的结果（详见图4-11），78.57%的被调查者认为这些重大缺陷的迹象在实际工作中得到体现，也有21.43%的人不太同意这些迹象，他们提出，频繁更换高管人员，尤其是财务负责人，频繁更换审计师以及受到省级（含）以上政府部门处罚、惩戒、立案调查、约谈，全国性报刊媒体曝光、批评、质疑，表明内部控制很可能存在重大缺陷。

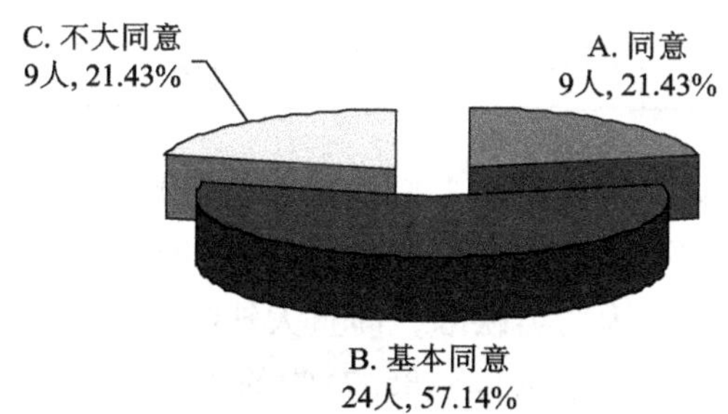

图4-11 关于重大缺陷迹象的意见分布情况

（5）对于加强和完善内部控制审计的建议方面

①对于政府主管部门加强和完善内部控制审计的建议。对于政府主管部门如财政部、证监会、中注协的建议，被调查者希望政府部门增加政策强制性要求的占50.00%，完善指引、指南，增加案例和解释的占64.29%，认为需要扩大宣传的占28.57%，详见表4-5。

②在完善指引、指南方面的建议。在完善指引、指南方面，42.86%的被调查者认为需要完善、提供审计的流程与方法；35.71%的被调查者认为需要提供非财务报告的重大缺陷案例，

表 4－5　　加强和完善内部控制审计的建议

建议	A. 扩大宣传	B. 增加政策强制性要求	C. 完善指引、指南，增加案例和解释	D. 其他方面
人数	12	21	27	0
占比	28.57%	50.00%	64.29%	0.00%

57.14%的被调查者认为对重大缺陷和重要缺陷的区分、判断标准需要进一步明确，也有57.14%的被调查者认为需要提供相关案例。

表 4－6　　完善指引、指南方面的建议

完善建议	A. 审计的流程与方法	B. 非财务报告的重大缺陷案例	C. 重大缺陷和重要缺陷的区分、判断标准需要进一步明确	D. 提供相关案例	E. 其他方面
人数	18	15	24	24	0
占比	42.86%	35.71%	57.14%	57.14%	0.00%

③关于删除“重要缺陷”。针对在审计实务中，是否存在重大缺陷和重要缺陷很难区分和界定，本调查问卷建议将重要缺陷删除，三类缺陷修改为两类缺陷，即重大缺陷（实质性漏洞，发表非标准审计意见）和一般缺陷。85.71%的被调查者同意删除重要缺陷，只有6位被调查者不同意删除重要缺陷，占比14.29%，详见图4－12。

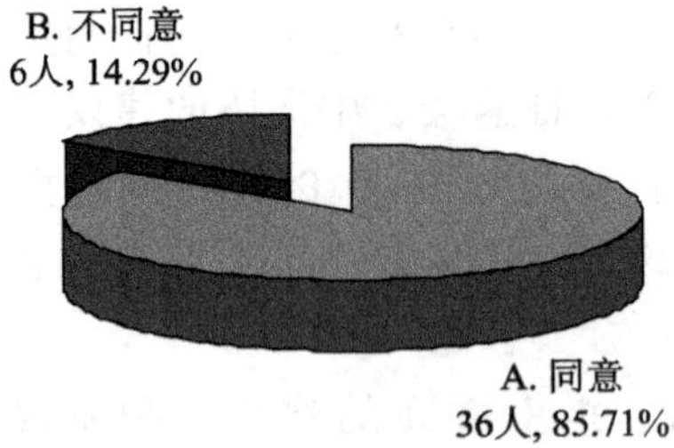

B. 不同意
6人, 14.29%

A. 同意
36人, 85.71%

图 4－12　关于删除“重要缺陷”的意见分布图

④关于事务所从事内控审计的主要困难和障碍。对于事务所从事内控审计，主要困难和障碍是：缺乏技术支持，事务所没有制定相应的审计流程、标准和程序，占 71.43%；缺乏专门人才占 71.43%，业务不多、企业意愿不高占 35.71%；还有 7.14% 的人认为收费和工作量未能配比也是主要困难之一。绝大多数被调查者希望事务所在制定审计流程标准、培养专门人才方面加大投入，开拓业务，做好内部控制审计业务。

表 4－7　　事务所从事内控审计的主要困难和障碍

完善建议	A. 缺乏技术支持，事务所没有制定相应的审计流程、标准和程序	B. 缺乏专门人才	C. 业务不多，企业意愿不高	D. 其他因素
人数	30	30	15	3
占比	71.43%	71.43%	35.71%	7.14%

（6）内部控制审计的价值和未来发展方向

①关于内部控制审计的价值。针对内部控制审计的价值方面，78.57% 的被调查者认为增加了企业部分成本，但也提供了价值增值服务；14.29% 的被调查者认为主要是价值增值服务；只有 7.14% 的被调查者认为主要是增加了企业负担。说明绝大多数的被调查者认为内部控制审计是对企业有帮助的，提供了价值增值服务。

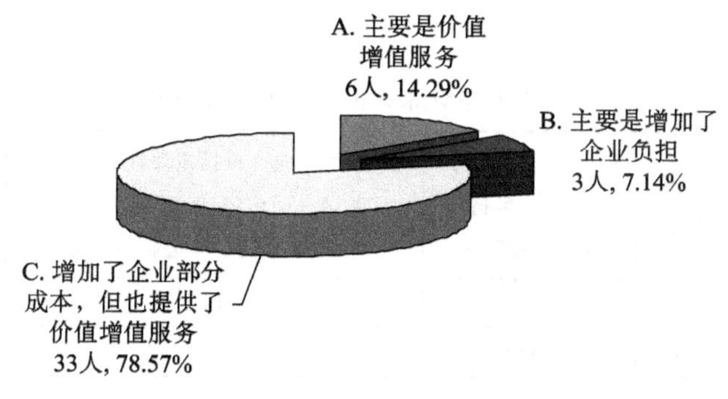

图 4－13　内部控制审计的价值分布图

②关于内控审计为企业提供价值增值服务的实现方式。针对内控审计能够提供价值增值服务的实现方式方面，42.86%的被调查者认为是通过帮助企业发现重大缺陷和风险点，加强风险管理；32.14%的被调查者认为是通过提供有价值的管理建议书；25%的被调查者认为是通过帮助企业遵纪守法，降低违法违规的风险和成本。

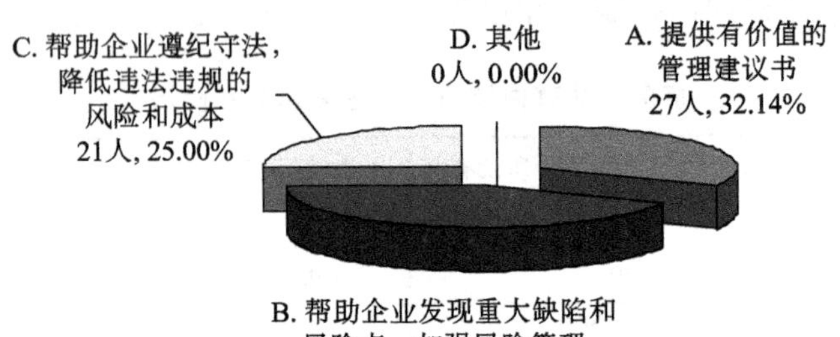

图4-14　内控审计为企业提供价值增值服务的实现方式分布图

③关于内部控制审计未来的发展方向。针对内部控制审计未来的发展方向，28.57%的被调查者认为应该采取原则导向，根据重要性和适用性原则，简化审计流程和程序，降低审计成本和企业的负担；42.86%的被调查者认为应该是风险导向；50.00%的被调查者认同价值导向，内控审计主要是为促进企业可持续健康发展服务。

表4-8　内部控制审计未来的发展方向分布表

发展方向	A. 风险导向	B. 价值导向，为促进企业可持续健康发展服务	C. 原则导向，根据重要性和适用性原则，简化审计流程和程序，降低审计成本和企业的负担	D. 其他
人数	18	21	12	0
占比	42.86%	50.00%	28.57%	0.00%

从以上调查问卷结果可以发现，目前我国开展内部控制审计存

在的主要问题有以下几方面：

（1）企业管理层、治理层的重视程度不够

除了证监会强制要求进行内部控制建设、评价和审计的 A + H 上市公司以及试点上市公司外，其他的企业并不很重视内部控制审计工作，或者并不着急，处于观望状态。

（2）注册会计师没有整合审计的经验

几乎所有被调查者都认可整合审计方式，但都没有按照整合审计的方式开展过对上市公司的内部控制审计和财务报表审计。2011 年度的上市公司审计，将是我国注册会计师首次开展整合审计，实际效果如何，还有待于检验。

从实际情况来看，委托同一家会计师事务所进行财务报告审计和内部控制审计的上市公司占绝大多数，但也有一些上市公司由于变更了财务报告的审计师，通过招投标的方式选择两家事务所分别进行财务报告和内部控制审计。在这种情况下，不同注册会计师在识别、评估审计风险，确定重要性水平，控制测试的性质、时间安排、范围、样本量等方面都会存在差异；在实际审计工作中，往往由企业的内审部与实施内部控制审计的注册会计师对接，由财务部与实施财务报告审计的注册会计师对接。因此，在这种情况下，如何协调、衔接两家事务所的工作，消除或减少差异，并将审计过程中发现的重大缺陷、舞弊风险等信息进行沟通，共享审计资源与成果，从而降低审计成本，减少重复劳动和企业负担，是一个值得认真探讨的课题。

（3）对于如何出具非标意见和描述事项的审计报告，事务所没有经验和可借鉴的模板

内部控制审计在我国还刚刚开始，90% 的被调查者表示没有出具过内控审计报告，只有 10% 的被调查者表示出具过，都为标准无保留意见的审计报告。对于如何出具非标准无保留意见的审计报告，以及如何对非财务报告内部控制重大缺陷进行描述说明，所有的被调查者都表示没有经验，也没有可供借鉴的报告模板或案例，

只能依据审计师的经验和判断，仁者见仁、智者见智，在实践中不断地摸索和总结。

(4) 注册会计师对两种审计的关系和审计结果的利用存在模糊认识

全部被调查者都表示，如果财务报表为非标意见，则内控审计报告必然为非标；但反过来若内控审计报告为非标，而财务报表审计报告则不一定为非标，90%的被调查者表示同意，只有10%不同意。可见，在实务中如何处理好两种审计之间的关系，特别是两种审计结果的相互印证与利用，一种审计发现的问题如何为另一种审计提供线索和证据，仍然存在模糊的认识，缺乏理论和实践的指导。

(5) 事务所缺乏相应的技术和人才准备

对于事务所从事内控审计的主要困难和障碍，40%的受访者认为是缺乏技术支持，事务所没有制定相应的审计流程、标准和程序，绝大多数被调查者希望事务所在制定审计流程标准、培养专门人才方面加大投入，以做好内部控制审计业务。

我们发现，几乎所有的事务所都没有设立专门的内部控制审计部门，也没有专门从事内部控制审计的人员，从事内部控制审计的人员都是以前从事财务报告审计的人员。由于财务报告审计的人员都习惯于报表审计的思路和做法，根据被审计单位的实际情况和审计资源的分配情况，进行有限的控制测试，甚至不进行控制测试而主要依赖实质性测试。但对于内部控制审计而言，对内部控制设计和执行的有效性进行测试，获取充分、适当的审计证据，得出内部控制有效或无效的结论，是一定要进行的工作；其审计程序、测试的范围、时间安排、样本量、审计证据的充分适当程度，与报表审计都是有差异的。如果审计人员没有进行认真系统的学习和培训，还是沿用报表审计的思路和做法，显然是不能做好内控审计的。

从调查访谈中发现，所有受访者都希望能够通过优化整合审计流程，制定量体裁衣、有针对性的审计程序，提高审计效率和效果，降低审计风险和成本费用，实现注册会计师、被审计企业、政府部门、社会公众的多赢格局。

4.3.4　主要原因分析

（1）企业管理层不重视

主要是管理层存在以下几种思想认识：有的企业管理层认为，强化内部控制建设和审计，会束缚管理人员的手脚，限制管理人员的权力；有的管理层担心增加企业的成本费用，包括增加人员、聘请中介机构的费用；有的管理层认为其还没有成为一项强制性遵循工作，先等等再说；有的管理层认为这只是财务部门或内审部门的一项工作而已，可以直接转给财务部门或内审部门来完成。

（2）我国的内部控制审计刚刚开始，没有经验可循

由于我国的内部控制基本规范和审计指引与美国及其他国家的规定都不相同，体现了我国特殊的国情和经济发展现状，没有国际经验可以直接借鉴；2011 年是按照内部控制基本规范和审计指引开始审计的第一年，所有的注册会计师都没有内部控制审计经验。

（3）整合审计流程还需要进一步完善，提高针对性，增加可操作性

虽然审计指引提出了整合审计的思路和建议，而且要求单独出具内部控制审计报告，但并不是强制性要求，所以在实务工作中，对如何进行整合审计，整合审计的流程、程序等还需要进一步完善，并在实践中不断提高针对性和适应性。

（4）审计报告的模板还不够完善，缺乏有针对性的指导

在审计指引中，只提供了标准意见、无法表示意见和否定意见的审计报告模板，没有提供非财务报告内部控制重大缺陷描述段的报告模板和举例，但在审计实务中，存在非财务报告内部控制重大缺陷的情形可能是比较多的，有的还比较突出。

(5) 事务所还没有健全审计流程、标准、程序

由于内部控制审计刚刚开始，事务所还没有足够的经验和技术人才来开发完善针对内部控制审计的流程、标准和程序，基本上都是在原来财务报表控制测试的基础上进行修改，增加测试内容和样本量而已。特别是针对整合审计的流程、标准和程序，没有专门进行研究开发，而审计指引和指导意见提供的只是框架性、一般性的通用指导，不能满足事务所针对不同类型企业和客户的差异化需求。

(6) 审计人员的专业胜任能力不足

目前的审计人员比较熟悉财务报表的审计方法和程序，但对内部控制审计都比较陌生，对内部控制审计的专业知识理解和掌握都不够，也不熟悉整合审计的思路、流程和方法论，都是在实践摸索中前进。

笔者认为，内部控制审计在实践中存在的问题，归结起来有两大类，第一类是与人的因素有关的问题，第二类是与人的因素无关的问题。与人的因素有关的问题，包括对内部控制的认识、态度和重视程度，内部控制人员、审计人员的独立性和专业胜任能力问题，这些问题需要从各自的层面和角度来解决。一是需要政府主管部门、其他经济管理部门、地方政府及社会各界提高认识、各司其职、各负其责、共同推动内部控制建设、评价与审计在企业的贯彻落实；二是需要企业管理层、治理层高度重视内部控制的建设与评价，建立健全内部控制制度，认真开展自我评价，充分重视与发挥注册会计师审计的功能与作用；三是需要会计师事务所及注册会计师加强内部控制相关理论与业务知识的学习，提高专业胜任能力，在理论和实践中不断增强内部控制审计的能力。

第二类是与人的因素无关的问题，主要内部控制审计的流程、方法、思路、报告方面，下面笔者将从审计流程与报告方面进行分析，并在下面三章中加以详细阐述。

4.4　本章小结

本章介绍了我国审计产生和发展的历程，重点是我国注册会计师审计产生和发展的过程；本章还通过对我国企业内部控制实践发展过程的梳理，阐述了我国先后出台的企业内部控制相关法规制度，以及最终出台企业内部控制规范体系的发展历程，重点介绍了我国企业内部控制规范体系及其主要内容、创新和突破。

针对内部控制审计，本章阐述了内部控制审计在我国的出台背景和过程。通过对我国 2011 年度会计师事务所开展内部控制审计的审计费用分析、2011 年度内部控制审计报告分析、调查问卷和访谈，得知我国目前开展整合审计的现状，发现存在的问题和面临的挑战；并对这些问题进行了原因分析，提出了相应的对策。包括完善整合审计流程和整合审计报告等方面的具体内容将在下面章节进行详细阐述和说明。

第5章 整合视角的内部控制审计流程

在前两章，我们分析了内部控制审计在国际上和我国的发展历程、整合审计方式、自上而下的审计方法，以及整合审计的现状，存在的困难与挑战，本章笔者将从审计流程方面进行具体阐述，在审计实务中如何采取优化的整合审计流程。

5.1 以风险为导向计划审计工作

注册会计师应该恰当地制定审计计划，配备具有专业胜任能力的项目组并对助理人员进行适当的指导监督。编制审计计划时应贯彻风险导向原则，在风险评估的基础上，选择拟测试的控制，再确定测试所需收集的证据；内部控制的某些领域、业务流程存在重大缺陷的风险越高，给该领域的审计关注就越多，并分配更多的审计资源。

5.1.1 审计计划的关注要点

注册会计师应当考虑如下事项的影响：在执行其他业务时或承接客户时获得的对被审计单位内部控制的了解；行业概况以及对整个行业有影响的事项，如相关法律法规、财务报告实践、经济状况和技术变动的影响；企业的组织结构、股权结构和经营特征，公司业务经营的复杂程度；企业内部控制最近发生变化的情况和程度；以前年度审计时与企业管理层、治理层沟通过的内部控制缺陷及其整改情况；注册会计师对重要性和风险的初步评估，对内部控制有效性的初步判断；可获取的、与内部控制有效性相关的审计证据的类型和范围；与评估财务报表重大错报和内部控制相关的公开信息和媒体评论。通常规模较小的公司业务相对简化，当然，一些规模较大、业务经营较复杂的公司也可能会有相对简单的业务模块和流程。显示经营相对简单的因素有：很少的业务线，简单的业务流程和财务报告系统，高度集中的财务功能，高层管理者深度参与日常经营管理活动，很少的管理层次和较大的管理控制宽度。

5.1.2 风险评估在审计计划中的作用

风险评估应当贯穿于审计全过程，整体风险的把握通常由具有经验的项目负责人或项目经理完成，在计划阶段评估固有风险，在实施风险评估时考虑固有风险和控制风险，并根据持续风险评估结果调整计划。风险评估有三个层次：确定重要的账户、披露及认定，选择拟测试的控制，确定针对控制需要收集的证据。影响风险评估的主要因素是：企业的组织结构，业务单元的复杂程度，流程的复杂程度。财务报告内部控制的特定领域、业务流程存在重大缺陷的风险越高，注册会计师应当给予该领域的关注就越多。注册会计师应当将审计资源和注意力分配到高风险的领域，而没有必要测试那些即使有缺陷、也不会对财务报表造成重大错报的控制领域。

因此，注册会计师可以根据企业的规模和业务的复杂程度，采取有针对性的量身定制的审计策略，更好地运用风险导向审计思路以提高审计效率和效果。

5.1.3 应对舞弊风险

舞弊，是指组织内外人员采用欺骗等违法违规手段，损害或谋取组织经济利益，同时可能为个人带来不正当利益的行为[①]。舞弊

① 财政部：《内部审计具体准则第6号——舞弊的预防、检查与报告》总则第二条。

风险评估是风险评估的重要组成部分，管理层越权是舞弊风险发生的主要表现形式。

（1）注册会计师应当评估企业应对舞弊风险的控制

具体包括：针对重大非常规交易，尤其是针对那些导致会计分录提前或延迟的交易的控制，期末财务报告编制过程中的合并抵销分录和作出调整的控制；针对关联方交易和异常交易的控制；与重大会计政策和估计相关的控制；能够减弱管理层伪造、舞弊和财务操纵的动机及压力的控制。

（2）注册会计师应对舞弊的策略

具体包括：对如何执行审计具有全面的对策；针对具体的舞弊风险的对策，即具体审计程序的性质、时间安排和范围；考虑增加额外的测试。

5.1.4 利用他人工作

根据《基本规范》的规定，企业管理层（董事会）要对内部控制进行自我评价。注册会计师在执行内部控制审计时，不得代替管理层为企业设计内部控制，也不得代企业进行内部控制自我评价。但是，注册会计师在执行内部控制审计时，可以利用企业内部控制自我评价工作，以减少审计师的工作，可利用的人员包括内部审计人员、内部控制评价人员和其他人员、在管理层和审计委员会指导下工作的第三方。在利用他人工作时，应当评估被利用人员的专业胜任能力和客观性，被利用人员的专业胜任能力和客观性越强，可利用程度就越高，反之越低。专业胜任能力是指为了完成指定任务而获取和保持一定水平的知识和理解力，在评估专业胜任能力时，注册会计师应当考虑其教育水平、专业资格、经验和继续教育程度，以及完成注册会计师拟利用工作的能力；客观性是指无偏和诚实地完成任务的能力①。如果一个人的专业胜任能力较低，不

① 财政部会计司、中注协解读《企业内部控制审计指引》。

管他的客观性有多高，注册会计师都不能利用他的工作，反之亦然。一般来说，如果一个人的核心工作就是检查和遵循管理制度，如内审人员，通常表明有较高程度的专业胜任能力和客观性，注册会计师可以利用其工作。

根据风险导向的要求，与某项控制相关的风险越高，主观判断程度越强，可利用程度就越低，注册会计师就应当对该项控制进行更多的测试，如图 5－1 所示。

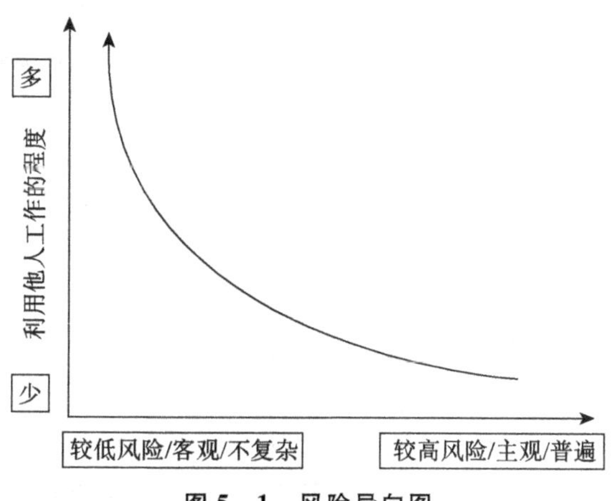

图 5－1　风险导向图

5.1.5　确定重要性水平

在整合审计中，针对内部控制审计的重要性水平，应采用与财务报表审计相同的重要性水平。根据中国注册会计师执业准则关于财务报表审计重要性水平的相关规定，重要性水平取决于在具体环境中对错报金额和性质的判断，根据企业的不同情况以及财务报表使用者的目的而不同。通常注册会计师按照某一财务指标的一定比例来确定，在审计实践中，如果注册会计师考虑报表使用者较为关注企业的盈利能力且企业的盈利水平比较稳定，则注册会计师会以税前利润的 5%—10% 来作为重要性水平；如果注册会计师考虑报表使用者较为关注企业的成长性，收入是他们最关注的指标，则注册会计师会以收入的0.5%—1%来作为重要性水平；如果注册会计师考虑报表使用者较为关注企业的净资产，则注册会计师会以净资产的1%—5%来作为重要性水平；如果注册会计师考虑企业的资产总额较为稳定，报表使用者较为关注企业的资产变化情况，则注册会计师会以资产的0.5%—1%来作为重要性水平。

除报表层次的重要性水平外，注册会计师还应当考虑各类交易、账户余额和列报认定层次的重要性水平，又称为可容忍误差。注册会计师通常运用职业判断，根据财务报表发生错报风险的高低，按财务报表重要性水平的一定比例，如50%，75%来确定认定层次的重要性水平。当然，在整个审计过程中，包括审计总结阶段，注册会计师都应考虑在审计计划阶段确定的重要性水平是否需要调整。

5.2 以控制测试为重点实施审计工作

在实施审计工作时，注册会计师采用自上而下的审计方法，先从财务报表层面了解内部控制的整体风险，再到企业层面的内部控制，然后到重要账户、披露及相关认定，请看图3-1。该方法描述了注册会计师在执行内部控制审计时的思路，但它并不一定是注册会计师将要执行审计程序的固定顺序。

5.2.1 识别企业层面内部控制

注册会计师应当测试对评价内部控制有重要影响的企业层面内部控制，对企业层面内部控制的测试可能增加或减少其他控制测试，应在业务的早期阶段进行企业层面内部控制的评价。

笔者发现，目前有一些学者和职业界人士有一个错误认识，即认为有些小型或私营企业没有内控，不具有可审性。事实上任何企业都有内控，否则这个企业就无法存在了，只是这些内控没有以正式文件、流程图、操作指引、工作手册等书面或明示的形式存在，但并不表明不存在内部控制。如绝大多数小型或私营企业，所有者（业主或老板）直接参与日常经营管理活动，很多内部控制就由其亲自执行，如一支笔报销、一支笔审批制度等。在这种情况下，识别和评价企业整体层面的内部控制就显得尤为重要了。

表 5－1　企业层面控制的精准层次

精准层次	对审计的影响
与控制环境相关的控制，能对及时防止或发现错报具有重要但间接影响的控制	可能影响选择进行测试的其他控制，以及对其他控制所实施程序的性质、时间和范围
监督其他控制有效性的控制，可以用来识别其他层次控制的可能缺陷，但其自身的精准程度不能充分应对某认定的错报不能被及时防止或发现的风险	此类控制运行有效时，可以减少原本拟对其他控制的有效性进行的测试
设计在精准层次，本身可以及时地防止或发现错报的控制	如果某此类控制充分地应对所评估的某项错报风险，就不需要测试与这项风险相关的其他控制

表 5－2　不同精准层次企业层面内部控制示例表

对及时防止或发现错报有重要但间接影响的控制	人力资源部门没有获取有关雇员资格相关的证据	这种情况可能导致注册会计师需要获得更多证据以证明由相关人员执行的其他控制获得了恰当执行，尤其是针对那些由新雇员执行的控制
监督其他控制有效性的控制	企业的财务总监定期审阅经营收入的详细月度分析报告	如控制有效，可能可以使注册会计师修改其原本拟对其他控制所进行的测试程序
设计在精准层次，本身可以及时地防止或发现错报的控制	企业设立了银行余额调节表的监督审阅流程，并对下属所有分级机构作出定期检查，精准度足以复核各个下属单位的工作是否恰当	可以考虑测试这个企业层面的控制，并且不必对下属每个单位的银行余额调节表相关控制进行测试

5.2.2 企业层面控制的关注点

企业层面控制的关注点，应包括以下几个方面：

(1) 与内部环境相关的控制

具体包括：管理层的理念和经营风格是否促进了内部控制的有效执行，如管理层对专业胜任能力的重视，公司的组织结构、人力资源政策和实务、权责分配是否能够促进内部控制的有效执行；管理层在治理层的监督下，是否营造并保持了诚信和合乎道德的文化，是否有书面的行为规范，对违反内控的行为是否有适当的应对政策和措施，目标设定是否实际；董事会或审计委员会是否了解并实施了对财务报告内部控制的监督责任。

(2) 针对董事会、管理层凌驾于内部控制之上的风险而设计的控制

对所有公司来说，这项控制对于有效的内部控制都是非常重要的，对小型公司来说更为重要，因为高级管理人员会更深地介入执行控制和期末财务报告的过程。这项控制包括企业的风险评估过程，监督经营结果的控制，监督其他控制的控制，如内部审计的工作、审计委员会的工作、自我评估程序等；针对重大非常规交易，尤其是针对那些导致提前或延迟记录会计分录、收入和成本确认的非常规交易的控制，期末财务报表编制过程中的合并抵销和调整分录的控制；针对关联方交易和异常交易的控制；与重大会计政策和会计估计相关的控制；能够减弱管理层伪造、舞弊和财务操纵的动机及压力的控制，即应对舞弊风险的控制。

(3) 企业的风险评估过程

企业需要有健全完善的内部控制系统来识别外部环境变化带来的风险，并评估重大风险的性质及发生的可能性，采取有针对性的应对方法。影响企业内部控制的风险因素包括但不限于如下：监管或经营环境的变化导致竞争压力增加和经营风险的增大，重大的经营扩张可能导致原有的内部控制不再适当而导致控制失效的风险，

信息系统的重大突然变化引起内部控制相关风险，企业涉及新的业务领域或交易事项导致的风险，在生产流程或信息系统中引入新技术导致内部控制变化的风险，企业兼并重组、收购或海外扩张产生新的风险，新招聘员工对内部控制理解或执行不正确导致的风险，采用新的会计政策可能引起与财务报表编制相关的风险等等。

（4）对财务报告流程的控制

有效的财务报告流程控制可为财务报告的可靠性提供合理保证，财务报告流程通常发生在评价日后，在评价日测试可以考虑关注的程序包括会计政策的选择和运用、总账的登录、合并抵销分录、编制及复核报表的程序；作为期末财务报告评估过程的一部分，注册会计师还应当评估：编制财务报表所执行的输入程序、输出过程，使用 IT 技术的程度，调整和合并抵消分录的类型及数量，管理层的参与情况，董事会、审计委员会监督财务报告的参与程度和性质。

注册会计师应当关注可能存在较高风险领域，包括：比较数据及期初余额，财务报表的整体列报（报表及附注），期后事项的处理，合并抵销分录等。在审计实务中，如果企业的内部控制措施不能防止、发现、纠正财务报表的重大错报和舞弊，而都依赖外部审计师来发现、更正报表存在的重大错报或舞弊；或者在更换年度审计师后，发现企业账面记录的期初余额与审计报告期初数存在重大差异，却找不到支持依据和合理解释，往往表明财务报告的内部控制存在重大缺陷。

（5）对控制有效性的自我评价和内部监督

企业可以在企业层面和流程层面实施对控制的监督，注册应该考虑的因素包括：企业管理层是否定期对内部控制进行自我评价，企业评价人员能够在多大程度上获得内部控制有效运行的证据，管理层是否采纳内审人员和注册会计师的建议、是否及时纠正控制运行中的偏差、是否根据监管机构的报告及建议及时采取改进措施、是否存在内部控制的监督职能如内审部门等。如果存在内部监督部门，应进一步考虑其专业胜任能力、独立性和权威性，注册会计师还应对内审部门的工作职责、范围、程序、计划、风险评估过程和结果等内容进行记录，形成审计工作底稿，获取充分适当的审计证据，作出恰当的审计结论。

（6）针对重大经营和风险管理而采取的政策措施

注册会计师可以考虑的因素包括：公司治理结构和议事规则是否规范，是否明确划分决策、执行、监督方面的职责权限，是否有专门的机构负责内部控制的建立、实施及评价。针对企业整体的经营战略和目标，管理层是否充分识别各主要业务流程的风险，设定风险承受度，进行风险的定量和定性分析，根据风险评估结果确定风险应对策略，并持续收集与风险变动相关的信息，及时调整风险应对策略，同时建立重大风险预警机制和突发事件应急处理机制。为保证控制活动的有效执行，企业是否进行持续的内部监督检查，对内部控制建立与实施过程中的相关记录和资料，是否以书面、电子文档等其他适当形式妥善保存，保证其可验证性。

5.2.3 识别重大账户、列报及其相关认定

注册会计师应当识别重要账户、列报及其相关认定。如果某个账户或某项列报具有合理可能性包含了一个错报，该错报单独或连同其他错报将对财务报表产生重大影响，则该账户或列报为重要账户或列报；如果某个财务报表认定具有合理可能性包含一个或多个错报，这个或这些错报将导致财务报表发生重大错报，则该认定为相关认定。判断某个账户、某项列报是否重要，某个认定是否相关，应当依据其固有风险，而不应考虑相关控制的影响。

注册会计师在财务报表审计与内控审计中识别的重要账户、列报及其相关认定应当相同，因此在风险评估时考虑的因素也应相同。注册会计师了解内部控制的过程中识别和评估报表层次和认定层次的重大错报风险，并与可能发生错报的控制相联系；识别、认定和评估相关的控制活动要从编制具体业务循环的控制流程图和确

定控制目标开始。

为识别重要账户、列报及其相关认定，注册会计师应当评价如下因素：账户的性质、构成和规模，容易发生错报的程度，交易的数量、频率、复杂性及同质性，会计处理和报告的复杂程度，账户发生损失的风险及引起重大或有负债的可能性，是否涉及关联交易，与前期相比发生的变化。

当一家企业有多个经营场所或业务单元时，如有较多分子公司时，注册会计师应当从合并财务报表层次识别重要账户、列报及其相关认定，再对测试范围作出恰当决策。在对测试范围进行决策时，主要考虑发生重大错报的风险程度，如果某些经营场所和业务单元不具有合理可能性导致合并报表出现重大错报，注册会计师无需进一步考虑这些场所和单元；对风险较低的场所和单元，注册会计师可以首先测试评价企业层面控制能否提供充分、适当的证据，如果能够，可以仅测试企业层面控制。如果某项风险具有合理可能性导致合并报表发生重大错报，则应当测试针对该项风险而实施的控制。在确定拟实施测试的场所和单元时，注册会计师可以考虑利用他人的工作，如内审人员的工作。

5.2.4　了解错报的可能来源及选择拟测试的控制

注册会计师应当了解错报的可能来源，以选择拟测试的控制：了解交易的处理流程，包括交易的生成、批准、处理及记录；验证识别出的可能发生重大错报的环节；识别管理层应对这些潜在错报的控制。注册会计师还应当了解信息系统如何影响公司的交易流程。系统的开发、运行、管理、变更和维护、安全性等都是重要的控制点。对信息系统的识别和评价是自上而下审计方法中不可或缺的一部分，不仅被用于识别重要账户、列报及其相关认定以及拟测试的控制，还用于评估风险和分配审计资源。

实施穿行测试通常是了解错报来源的最有效方式。穿行测试是指追踪检查某笔交易从开始发生到最终被反映到财务报表上的整个处理过程[①]。注册会计师在实施穿行测试时，通常要运用访谈（询问）、观察、检查文件记录及重新执行等程序。穿行测试程序能够提供以下方面的审计证据：确认对控制设计的了解，包括防止、发现和纠正舞弊的控制；确定交易过程中与认定相关的重大风险点；确定控制设计和执行的有效性。

在执行穿行测试时，针对重要处理程序，注册会计师可以采取试探性提问，询问员工对企业规定程序及控制的了解程度。这些试探性提问和其他审计程序相结合，可以帮助注册会计师充分了解业务流程，识别控制无效或缺失的重要环节，下面将在控制测试方法中对访谈（询问）程序进行具体阐述。

注册会计师应当评价控制是否足以应对评估的错报风险，并选择对形成评价结论具有重要影响的控制进行测试。控制与会计认定并不是一一对应关系，可能是一项控制作用于多项会计认定，也可能是多项控制作用于一项会计认定。因此，注册会计师没有必要测试与某个认定相关的所有控制，在确定是否测试某项控制时，应考虑该项控制单独或连同其他控制是否足以应对评估的错报风险。

在考虑拟测试的控制时，除了与会计认定直接相关的控制外，还必须考虑与会计认定间接相关的控制是否有效，这些指标称为控制目标。控制目标的设置应根据企业的具体情况和业务内容而定，但通常应包括以下目标：存在或发生、准确性、完整性、授权、接触限制、监督检查等。在确定目标后，针对每项具体的业务处理，考虑“这项控制的目的是什么”，来确定具体业务处理控制与控制目标的关系；考虑“如果没有这项控制将对财务报表产生什么影响”，来确定具体业务处理控制与会计认定的关系。通过这种矩阵关系图，就能清楚地表明具体业务处理控制与控制目标、会计认定之间的关系，以便选择拟测试的控制。

---

① 财政部：《中国注册会计师审计准则第 1211 号——了解被审计单位及其环境并评估重大错报风险》。

5.2.5 执行控制测试

上面已着重阐述了企业层面的内部控制，这里主要介绍业务层面控制测试。内部控制运行的有效性取决于控制是否按照设计运行，执行控制活动的人是否拥有足够的专业胜任能力和恰当的授权来有效地执行控制。注册会计师应当考虑业务的完整性与流程的划分（参见图5-2），选择针对企业生产经营活动中的重要业务与事项的内部控制进行测试，应达到的测试目标是：应执行足够多的程序以确认识别的控制已经过正确设计且能够有效运行。

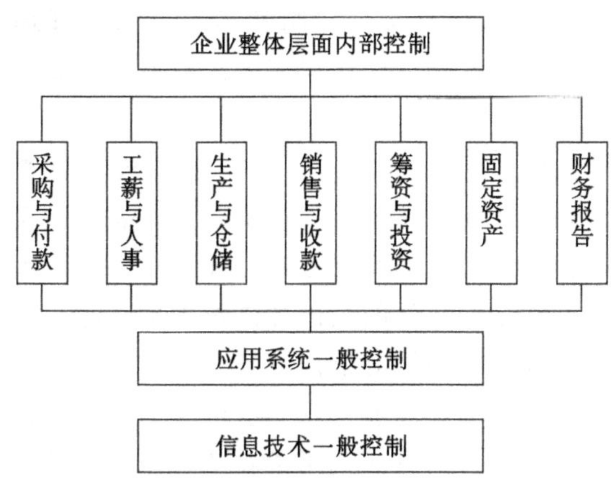

图5-2 业务与流程的划分参考图

（1）控制测试方法

注册会计师可以采用测试方法，按照能够提供证据的有效程度由少至多排列如下：检查相关文件记录，穿行测试，重新执行，观察经营活动，访谈（询问适当人员，虽然询问本身并不足以提供充分适当的证据）。另外，在财务报表审计广泛运用的分析程序，也可以在内控测试中进行运用，如通过分析程序，分析出对财务报表有重大影响的报表项目及其重大波动，而与这些报表项目重大波动相关的控制，很可能就是重要的风险领域，也是控制测试的重点。

值得注意的是，某些控制的运行，如管理理念、经营作风、企业文化和价值观，可能没有书面证据；规模较小、业务较简单的公司可能缺乏正式的控制运行记录，如有些小型私营企业，但并不表明企业没有内部控制，这点是审计人员应当注意的。在这种情况下，审计人员可以通过询问、观察和其他程序，检查非正式的书面记录、备忘录、电话记录、邮件往来，重新执行某些控制等，以获取控制是否有效的证据。

在内控审计实践中，访谈（询问）程序是控制测试中经常使用到的程序之一，特别是对一些小型公司，正式控制文件较少的公司，以及缺少书面证据的某些控制的运行，如管理理念、经营作风、企业文化和价值观等，访谈程序就是获取审计证据必要和有效的主要测试程序了。

在确定测试的时间安排时，应当在以下两个因素之间作出平衡，以获取充分适当的审计证据：尽量在接近企业内部控制自我评价基准日实施测试；实施的测试需要涵盖足够长的期间。当然，较长期间的测试会比较短期间的测试提供更多的证据；测试时间越接近管理层的评估日，能提供的证据就越多。

在管理层评估基准日之前，管理层可能为了提高经营的效率和效果，弥补原有控制的不足而改用了新的控制。在这种情况下，如果审计人员认为新的控制能够实现控制目标，并在足够长的时间内有效，此时审计人员可以通过测试新的控制，评价其设计和执行的有效性，而不需要测试原来的控制。

（2）控制测试的范围和样本量

控制测试的范围是包括所有重要的财务报表项目、列报及其认定对应的控制活动。控制测试的范围越广，需要的证据就越多；内部控制相关的风险越高，需要的证据就越多。

如果注册会计师在期中审计获取了某时点控制运行有效性的证据，在执行期末审计时，应当确定需要哪些额外证据，以证实剩余期间控制执行的有效性情况，通常应考虑下列因素：期中审计时获取的审计证据的充分性，剩余期间的长短，期中审计后内部控制发生重大变化的情况等。如果评估上述因素后发现，向前滚动时期内控制失效的可能性很低，则可以执行有限的测试，如仅实施询问和观察程序。在实务中，通常可以参考以下标准，来确定控制测试的样本量。

表 5－3　　　　手工控制的测试样本量对照表

频率	总量	控制的风险水平		
		低	中	高
每年	1	1	1	1
每季	4	1	1	2
每月	12	2	3	5
每周	52	5	10	15
每日	250	20	30	40
一日多次	250 以上	25	45	60

如果是自动控制的样本量，原则上 1 个即可；但如果不是单一一笔或一类交易，需要考虑控制的各个方面，如对每类交易的处理、计算不一样，区别不同处理方式进行选样；如果一个控制涉及多个工序，则每个工序都要考虑。

(3) 业务层面控制测试的步骤

①控制测试主要有三个步骤：识别关键控制点，记录关键控制点，测试关键控制点。识别关键控制点，应以控制目标（应用指引）为线索，以企业制度、规定为依据，从业务流程中识别。需要记录的内容，即 4W1H：Who 谁（或什么系统）执行这些控制活动；What 这些控制活动是什么，有哪些资料文档支持；When 什么时候执行这些控制活动及执行频率；Where 在何地执行这些控制活动；How 实现这些控制活动的具体方式。

②在测试关键控制点时，应依据企业实际情况进行测试。下面以采购与付款流程为例进行说明。

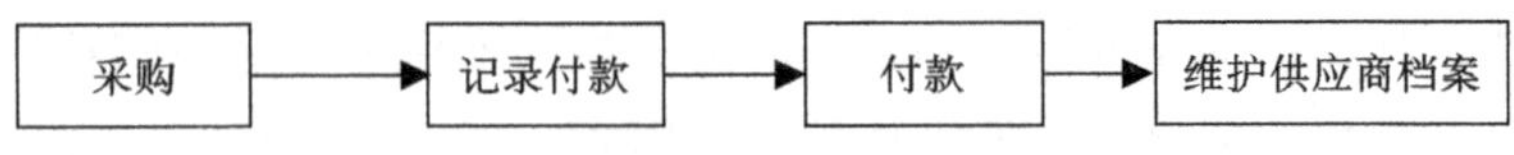

图 5－3　采购与付款控制流程图

表 5－4　采购与付款控制矩阵表

控制目标	受影响的相关交易和账户余额及其认定	被审计单位的控制活动	控制活动对实现控制目标是否有效（是或否）
只有经过核准的采购订单才能发给供应商	应付账款：存在 管理费用：发生 销售费用：发生	采购部门收到请购单后，对金额在人民币×××元以下的请购单由采购经理×××负责审批；金额在人民币×××元至人民币×××元的请购单由总经理×××负责审批；金额超过人民币×××元的请购单需经董事会审批 需发生销售（管理）费用支出的部门填写费用申请单，其部门经理可以审批金额人民币×××元以下的费用；金额在人民币×××元至人民币×××元的费用由总经理×××负责审批；金额在人民币×××元以上的费用则需得到董事会的批准	是
已记录的采购订单内容准确	应付账款：计价和分摊 管理费用：准确性、分类 销售费用：准确性、分类	采购信息管理员×××将有关信息输入 Y 系统，系统将自动生成连续编号的采购订单（此时系统显示为“待处理”状态） 每周，财务部门应付账款记账员×××汇总本周内生成的所有采购订单并与请购单核对，编制采购信息报告。如采购订单与请购单核对相符，应付账款记账员×××即在采购信息报告上签字。如有不符，应付账款记账员×××将通知采购信息管理员×××，与其共同调查该事项。应付账款记账员×××还需在采购信息报告中注明不符事项及其调查结果	是
		……	

表 5－5 采购与付款控制测试表

主要业务活动	测试内容	测试结果
采购	请购单编号#（日期）	
	请购内容	
	请购单是否得到适当审批（是/否）	
	采购订单编号#（日期）	

5.3 定量定性相结合评价控制缺陷

5.3.1 从定量方面评价控制缺陷的严重程度

如果内部控制的设计和运行不能使管理层和员工在工作中及时防止、发现或纠正错报或舞弊，则表明内部控制存在缺陷。内部控制缺陷按成因分为设计缺陷和运行缺陷：设计缺陷是指由于缺少必要的控制或控制设计不当，即使正常运行也难以实现控制目标；运行缺陷是指设计良好的控制没有按设计意图运行，或执行人员缺乏专业胜任能力或没有恰当授权，导致不能有效地实施控制。内部控制缺陷，按其严重程度可分为重大缺陷、重要缺陷和一般缺陷。重大缺陷：是指一个或多个一般缺陷的组合，可能严重影响内部整体控制的有效性，进而导致企业无法及时防范或发现严重偏离整体控制目标的情形。重要缺陷：是指一个或多个一般缺陷的组合，其严重程度低于重大缺陷，但导致企业无法及时防范或发现偏离整体控制目标的严重程度依然重大，须引起企业管理层关注。一般缺陷：除上述两类缺陷以外的缺陷均为一般缺陷。

在具体审计实践中，由于内部控制审计的重要性水平和财务报表审计的重要性水平相同，因此，注册会计师一般根据错报发生的可能性和潜在影响程度判断缺陷类型。通常，在确定错报的潜在程度时，应首先确定重要性水平，当潜在错报金额小于年度财务报表总体重要性水平的一定比例时（如为20%）时，将错报的潜在程度判定为不重要，当潜在错报金额大于或等于重要性水平时，判定为重大，当潜在错报金额大于等于重要性水平的一定比例而小于重要性水平，则判定为大于不重要。综合考虑错报发生的可能性和潜在的影响程度后，按表5-6确定缺陷的类型。

表5-6　　　　内控缺陷定量评价

缺陷分类	错报的可能性	关系	错报的潜在程度
一般控制缺陷	微小	或	不重要
重要缺陷	大于微小	及	大于不重要
重大缺陷	大于微小	及	重大

对于存在缺陷的控制活动应考虑其是否存在对应的冗余性控制、补充性控制及补偿性控制。对于认定的冗余性控制、补充性控制及补偿性控制，应对其进行测试，确保其设计和执行是有效的。确定考虑“冗余/补充/补偿性控制活动”后的潜在影响金额，重新评价“总体影响水平”（设计缺陷）和“调整后影响水平”（执行缺陷），列示对财务报表的潜在影响金额。

多个“一般控制缺陷”共同作用有可能形成一个“重要缺陷”；多个“重要缺陷”共同作用有可能形成一个“重大缺陷”；一旦有重大缺陷出现，公司的内控将被评价为失效。

5.3.2　从定性方面发现内部控制的重大缺陷

根据审计指引的规定，从定性方面表明内部控制存在重大缺陷的迹象包括：发现高级管理人员任何性质的舞弊行为（无论舞弊是否重大）；更正已经公布的财务报表，以反映对错误或舞弊导致错报的纠正；审计师发现当期财务报表的重大错报，但该错报没有被公司财务报告内部控制发现；公司审计委员和内审机构对内部控制的监督失效以及其他事项。

下列领域存在的缺陷，应判定为重要缺陷，并认为存在重大缺陷的强烈迹象：对依照公认会计准则选择和应用会计政策的内控，反舞弊程序和控制，对非常规或非系统性交易的内控，对期末财务报告流程的内控，对需要设立内部审计职能或风险评估职能来进行有效监控或风险评估的公司而言，如大型或综合性公司，这些职能失效；对监管严格的行业中的复杂公司，合规性监管职能失效，这只与无效合规性监管职能的某些方面相关，其中违反法规的行为可能对财务报告的可靠性产生重大影响；已向管理层和审计委员会汇报且经过合理期限后，重要缺陷仍未被纠正。

5.3.3　控制缺陷评价步骤

详见图 5－4。

（1）考虑控制偏差

控制偏差是指内部控制运行偏离设计的情况。当出现控制偏差时，需要考虑对下列因素的影响：

①对相关风险评估的影响，是否要调整原来的风险评估结论，提高风险等级，重新调整测试的性质、时间安排和范围。

②需要获取的证据，是否要增加测试的范围和样本量，以降低审计风险；例如，对每日发生多次的控制，如果测试结果发现一项控制偏差且该偏差不是系统性偏差或人为故意造成的偏差，则注册会计师可以扩大样本规模进行测试，所增加的样本量至少应等于初始测试的样本量。如果测试后再次发现偏差，则注册会计师可以得出该控制无效的结论；如果扩大样本量后没有再次发现偏差，则注册会计师可以得出控制有效的结论。

③控制运行有效性结论，是否会影响到运行有效性的结论。

注册会计师评价控制偏差的影响需要运用职业判断，考虑控制的性质和所发现偏差数量的影响。如果发现的控制偏差是系统性偏差或人为故意造成的偏差，注册会计师应当考虑舞弊的可能性以及对审计方案的影响。

在评价控制测试中所发现的某项控制偏差是否为控制缺陷时，

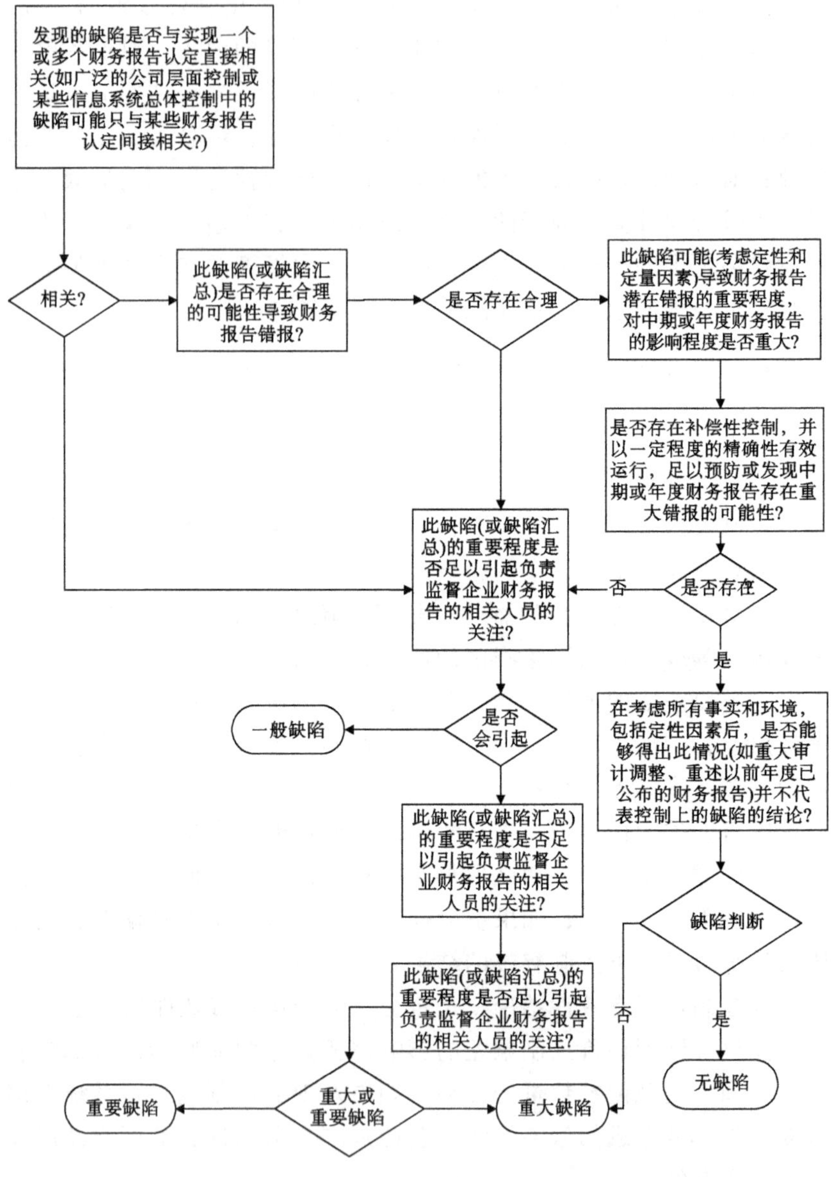

图 5-4　控制缺陷评价步骤

注册会计师一般应考虑的因素包括：

①该偏差是如何被发现的。例如，如果某控制偏差是被另外一项控制所发现的，则可能意味着被审计单位存在有效的发现性控制。

②该偏差是与某一特定的事项、交易、地点、流程或应用系统相关，还是对被审计单位有广泛影响。

③就被审计单位的内部政策而言，该控制出现偏差的严重程度。

④与控制运行频率相比，偏差发生的频率大小。

（2）注册会计师应当对其识别出的内部控制缺陷进行评价，以确定这些缺陷单独或组合起来，是否构成重大缺陷

在确定一项内部控制缺陷或多项内部控制缺陷的组合是否构成重大缺陷时，注册会计师应当考虑冗余性控制、补充性控制及补偿性控制（替代性控制）的影响，补偿性控制应与正常控制具有同样的效果；对于认定的冗余性控制、补充性控制及补偿性控制，应对其进行测试，确保其设计和执行是有效的。

当单个控制缺陷评价完毕后，应对所有缺陷进行汇总评价。公司层面缺陷应按照缺陷对各组成要素进行汇总，流程层面缺陷应按照会计科目及披露事项进行汇总。

（3）有效性与重大缺陷的关系

有效的内部控制，可以为企业财务报表的公允反映提供合理保证，如果存在一个或多个重大缺陷，财务报告内部控制应该被认为无效。

（4）财务报告内部控制缺陷与财务报表意见的关系

一般情况下，如果注册会计师对企业的财务报告内部控制发表无保留意见，则财务报表应该不存在重大错报；同样地，如果财务报告的内部控制存在重大缺陷，则财务报表很可能存在重大错报。

如果注册会计师对财务报表发表了无保留意见，此时财务报告

内部控制有两种情况：一种是财务报告内部控制有效运行，注册会计师对财务报告内部控制发表无保留意见；另一种是财务报告内部控制不能有效运行，但财务报表并没有出现重大错报；或虽出现了重大错报，但被注册会计师发现，提出审计调整建议，企业接受了审计调整，更正了财务报告。在这种情况下，注册会计师对财务报告内部控制可能发表非无保留意见。

如果财务报表存在重大缺陷，注册会计师发表了非无保留意见，则可以肯定财务报告内部控制存在重大缺陷，在这种情况下，注册会计师必需要对财务报告内部控制发表非无保留意见。

5.4 内控审计结果对财务报表审计的影响

在整合审计过程中，内控审计结果对财务报表审计的影响，主要是财务报表审计如何利用内部控制审计的结果来提高报表审计的效率和效果。在执行财务报表审计时，注册会计师可以利用内部控制审计的结果，慎重考虑识别出的内部控制缺陷，并用来制订或修改实质性测试的性质、时间安排和范围。

内控审计有利于提高财务报表审计的效率和效果。由于上市公司规模较大，分子公司较多，交易频繁，在财务报表审计中如果不实施控制测试，仅依赖实质性程序，那么实质性测试的样本量就需要很大，甚至要采取详细审计的方式，这对大型上市公司和高度信息化的上市公司来说几乎是不可能实现的，也肯定是不符合成本效益原则的，因为这样会极大地浪费审计资源，降低审计的效率，增加企业的成本负担，显然是不经济的。因此，采用整合审计的方式，对企业的内部控制进行审计，在满足了内部控制有效性的审计目标后，注册会计师可以将控制风险评价为较低水平，来减少实质性测试的范围、工作量和测试的样本量，从而提高审计的效率和效果。如果内部控制审计发现了企业在某些领域和事项的重大缺陷，注册会计师可以将审计资源和重点安排在该领域和事项，提高审计程序的针对性和有效性，从而达到提高审计效率和效果的目的。

5.5 本章小结

本章针对整合审计的内部控制审计流程进行了具体说明，阐述了内部控制审计流程的三个主要阶段：计划审计工作、实施审计工作、评价控制缺陷。在编制审计计划时的基本原则是风险导向，关注舞弊风险，设定与财务报表审计相同的重要性水平，考虑利用内审人员及他人的工作等。在实施审计工作时，注册会计师采用自上而下的审计方法，首先财务报表层面了解内部控制的整体风险，再到企业层面的内部控制，然后到重要账户、交易、披露及相关认定，了解错报的可能来源及选择拟测试的控制，确定控制测试的性质、时间安排和范围，来测试内部控制设计和执行的有效性；在控制缺陷的评价阶段，主要是采用定量和定性指标相结合，对重大缺陷的确定和评价。最后，本章讨论了内控审计结果对财务报表审计的影响，主要财务报表审计如何利用内部控制审计的结果，来提高财务报表审计的效率和效果。

第6章 整合视角的内部控制审计报告

当注册会计师按照审计计划实施了相应的内部控制审计程序，获取了充分适当的审计证据后，就进入了审计完成阶段，根据所获取的审计证据形成审计结论，准备出具审计报告。

6.1 完成审计工作

在审计结束阶段，还应当完成如下工作，包括获取管理层声明书，与管理层、治理层沟通相关事项，考虑期后事项的影响，记录审计工作，整理、复核审计工作底稿，评价审计证据，形成审计意见。

6.1.1 获取管理层声明书

注册会计师应取得经企业管理层签署的书面声明。书面声明应当包括下列内容：

（1）企业管理层确认其负责建立健全和有效实施内部控制；

（2）企业管理层已经按照内部控制基本规范和评价指引的要求，对内部控制的有效性作出自我评价，出具评价报告；管理层并没有利用注册会计师实施的审计程序及其结果作为自我评价的基础；

（3）管理层已向注册会计师披露已经发现的全面内部控制缺

陷，并单独披露重大缺陷和重要缺陷；

（4）管理层对于注册会计师在以前年度审计中发现的所有重大和重要缺陷，是否已经采取适当措施予以解决；

（5）在内部控制自我评价基准日后，企业内部控制是否发生重大变化，或者存在对内部控制具有重要影响的其他因素或事项。

如果企业管理层拒绝提供书面声明，则视为审计范围受到限制，注册会计师应考虑解除约定或出具无法表示意见的审计报告。

6.1.2　沟通相关事项

注册会计师应当在出具内部控制审计报告之前，以书面形式与经理层和审计委员会沟通审计过程中识别的所有控制缺陷。如果认为审计委员会和内部审计机构的监督无效时，注册会计师应当采用书面形式直接与董事会沟通。

注册会计师应当以书面形式与管理层沟通在审计过程中识别的全面内部控制缺陷，并在沟通后告知审计委员会，但无需重复以前已经与经理层、内审人员或企业其他人员书面沟通过的控制缺陷。注册会计师应当考虑发现的一项或多项控制缺陷的组合是否构成重要缺陷，如果构成重大缺陷和重要缺陷，应书面与董事会和经理层沟通。如果发现企业存在或可能存在舞弊或违反法规行为时，注册会计师应当按照《中国注册会计师审计准则——财务报表审计中对舞弊的考虑》、《中国注册会计师审计准则——财务报表审计中对法律法规的考虑》的规定来执行。

6.1.3　考虑期后事项的影响

期后事项是指在企业内部控制自我评价基准日并不存在，但在该基准日之后，审计报告日之前内部控制发生变化或出现其他可能对内部控制产生重要影响的事项和因素。针对期后事项，注册会计师需要实施的审计程序，主要包括询问是否存在这类变化事项或影响因素，获取企业关于这些情况的书面声明；同时考虑对审计报告的影响，如果是具有重大负面影响的期后事项，应当出具否定意见的审计报告；如果不能确定对内部控制有效性的影响程度，应当出具无法表示意见的审计报告。

通常，审计人员应当询问和检查的期后事项包括：期后公布的内部审计报告、贷款审查报告等，关于重大缺陷或实质性漏洞的独立审计报告，关于内部控制的管理层报告，从其他渠道获取的关于内部控制方面的信息。

6.1.4 记录审计工作

内部控制审计工作底稿，是注册会计师针对内部控制审计工作而制定的审计计划、实施的审计程序、获取的审计证据、得出的审计结论作出的记录。审计工作底稿为审计工作提供了充分、适当的记录，作为出具审计报告的基础；也证明注册会计师遵照审计指引的规定执行了审计工作。注册会计师应当在审计工作底稿中清楚地记录审计的过程和结果。

内部控制审计工作底稿在内容上应做到资料详实、重点突出、繁简得当、结论明确；在形式上应做到要素齐全、格式规范、标识一致、记录清晰。通常一个完整的工作底稿内容应包括以下方面：被审计单位名称，审计项目名称，审计时点或时期，审计索引、审计标识及说明，编制者姓名及编制日期、复核者姓名及复核日期，审计过程记录，审计结论，以及其他认为应当说明的内容或事项。

由于内部控制审计工作是建立在整合审计的基础上，对于如何形成内控审计工作底稿有两种不同的做法：一种是将内控审计工作底稿并入财务报表审计工作底稿，合并为一套工作底稿；另一种是单独归档，形成独立的工作底稿。根据指引的规定，应当采取第二种做法，即使注册会计师同时进行财务报表审计和内部控制审计，还是应当分别形成两套工作底稿，整合审计部分形成的底稿既可以归档到内部控制审计底稿中，也可以归档到财务报表审计工作底稿中，两套底稿之间建立交叉索引，以减轻编制工作底稿的负担，提高效率和效果。

笔者认为，从实务处理的角度来看，如果内部控制审计是只针对财务报表相关的内部控制而不是全面内部控制审计，在这种情况下，内部控制审计的最终目的和财务报表审计的目标是一致的，还是将内部控制审计工作底稿归档到财务报表审计工作底稿中更合适。

6.1.5 评价审计证据，形成审计意见

在评价证据时，注册会计师需要查阅本年度与内部控制相关的内部审计报告或类似报告，并评价这些报告中提到的控制缺陷。注册会计师应当评价获取的所有证据，包括控制的测试结果、财务报表审计中发现的错报以及已识别的所有控制缺陷。注册会计师应评价这些证据是否能够相互印证，是否存在矛盾和冲突之处，如是，应实施追加程序，调查这些矛盾和冲突之处，以证实或排除疑虑，形成对内部控制是否有效性的意见。

只有在审计范围没有受到限制时，注册会计师才能对内部控制的有效性形成意见。如果审计范围受到限制，注册会计师需要解除业务约定或出具无法表示意见的内部控制审计报告。

6.2 出具审计报告

当注册会计师形成审计意见后，就进入了最后一个步骤，即出具内部控制审计报告。

6.2.1 审计报告的要素

美国 PCAOB 和我国审计指引都规定采用短式审计报告的格式。我国标准内部控制审计报告应当包括如下要素：

（1）标题；

（2）收件人；

(3) 引言；

(4) 企业对内部控制的责任；

(5) 注册会计师的责任；

(6) 内部控制固有局限性的说明；

(7) 财务报告内部控制审计意见；

(8) 非财务报告内部控制重大缺陷描述；

(9) 注册会计师的签名和盖章；

(10) 会计师事务所的名称、地址及盖章；

(11) 报告日期。

6.2.2 审计报告的类型

内部控制审计报告有四种类型，分别为标准无保留、无保留加强调事项段、否定意见、无法表示意见四种，不能出具保留意见的审计报告。下面分别对四种报告的条件进行说明。

(1) 出具标准无保留意见审计报告的条件：被审计单位已经按照《基本规范》和配套指引以及企业自身内部控制制度的要求，在所有重大方面保持了有效的内部控制；注册会计师已经按照《企业内部控制审计指引》的要求计划和实施审计工作，在审计过程中未受到限制。

(2) 出具强调事项段的无保留意见审计报告的条件：注册会计师认为财务报告内部控制虽不存在重大缺陷，但仍有一项或者多项重大事项需要提请审计报告使用者注意的，应当在审计报告中增加强调事项段予以说明。注册会计师应当在强调事项段中指明，该段内容仅用于提醒审计报告使用者关注，并不影响对财务报告内部控制发表的审计意见。

(3) 出具否定意见审计报告的条件：注册会计师认为财务报告内部控制存在一项或多项重大缺陷，除非审计范围受到限制，应当发表否定意见；同时，否定意见的审计报告需要说明重大缺陷的定义、性质及其对财务报告内部控制的影响。

（4）审计范围受到限制时，注册会计师应当考虑解除业务约定或出具无法表示意见的审计报告，并就审计范围受到限制的情况，以书面形式与董事会或审计委员会进行沟通。同时，应当在审计报告中明确指出由于审计范围受到限制，无法对内部控制的有效性发表意见；如果注册会计师在已执行的有限程序中发现财务报告内部控制存在重大缺陷，应当在审计报告中对已经发现的重大缺陷作出详细说明。

对审计范围受到限制的判定，需要考虑以下因素。这种限制不可能是出自审计人员的自身因素，它超出了审计人员的控制。限制可能是由于客观因素导致与审计有关的资料不存在或无法获取；或者是被审计单位人为限制或管理当局不予以提供。审计范围受到限制，其结果是注册会计师不能执行某些审计程序或不能获取充分、适当的审计证据。注册会计师还应当注意不能将报表存在错报与审计受限相混淆，即在知道报表存在重大错报时，不能以审计范围受限为由简单地发表保留意见或无法表示意见，或不实施必要的审计程序，或避重就轻发表审计意见。

6.3　非财务报告内部控制重大缺陷描述

美国 SEC 出于成本效益的考虑，在经过多方博弈折中后决定只对财务报告内部控制进行强制审计，没有要求对全面内部控制进行强制审计。借鉴国外的经验和做法，考虑了我国的具体国情和企业的实际情况，注册会计师的专业胜任能力、成本效益等各种因素后，我国审计指引规定注册会计师不仅应当对财务报告内部控制的有效性发表审计意见，还应对审计过程中注意到的非财务报告内部控制重大缺陷，在审计报告中增加描述说明段予以披露。

根据我国审计指引的要求，注册会计师在内部控制审计过程中，针对发现的非财务报告内部控制缺陷，例如发现某项或某些控制对企业发展战略、法律法规遵循、经营的效率效果等控制目标的实现会产生重大不利影响，并确定该项缺陷为重大缺陷的，应当以书面形式与企业董事会和经理层沟通，提醒企业管理层加以改进；同时在内部控制审计报告中增加非财务报告内部控制重大缺陷描述段，对重大缺陷的性质及其对实现相关控制目标的影响程度进行描述说明，提醒报告使用者注意相关风险，但无需对其发表审计意见。

但是，审计指引中并没有对非财务报告内部控制的重大缺陷描述段进行举例，不利于指导审计实践，笔者根据实践中发生的案例，以及访谈体会，在此举例如下，以抛砖引玉，希望能够对注册会计师的审计实践有所指导和帮助，同时也有利于丰富内部控制审计理论，填补我国内控审计指引的这块空白。

6.3.1 行业重大政策变化引致的重大缺陷

行业中的某一重大事件，往往会促使行业重大政策的出台和变化，如果企业没有及时采取有效的应对措施，往往就形成了重大缺陷，影响企业经营目标的实现。

(1) 事件概述

A 公司是乳品生产企业之一。2008 年河北三鹿毒牛奶事件发生后，根据国家处理婴幼儿奶粉事件领导小组和有关部门的要求，国家工商行政管理总局要求各地认真开展含三聚氰胺婴幼儿配方奶粉市场清查工作，对市场上含三聚氰胺的婴幼儿配方奶粉，立即责令经营者停止销售、下架退市。紧接着，在 2010 年 9 月，国务院办公厅发出了《关于进一步加强乳品质量安全工作的通知》，由工信部、国家发展改革委、质检总局三部委牵头进行乳品行业项目（企业）审查清理及生产许可证重新审核工作。

截至 2011 年 3 月底，中国乳制品及婴幼儿配方乳粉企业生产许可重新审核工作已全部结束。107 家企业停产整改，426 家企业未通过乳制品企业生产许可重新审核。A 公司属于停产整改企业之一。

（2）事件评论

由于受到三鹿毒牛奶事件的影响，以及随之而来的乳品行业重大政策变化，国家从严要求乳品企业的产品质量安全，重新审核生产许可证。这虽然是行业的系统性风险，A 公司自身无法避免，但 A 公司应当积极应对挑战和困难，全面加强内部控制和风险管理工作，重点增加产品质量安全生产方面的投入，以顺利通过生产许可证重新审核。遗憾的是，A 公司重视不足，投入不够，没有通过重新审核，还需要继续整改。

（3）对内部控制审计报告的影响

如果 A 公司的财务报表进行了公允反映，注册会计师也认可了 A 公司的整改措施，拟发表无保留带强调事项段的审计意见，但是对于内部控制审计报告来说，注册会计师仍应当增加非财务报告内部控制重大缺陷的描述段如下：

我们注意到 A 公司的非财务报告内部控制存在重大缺陷。A 公司没有通过生产许可证重新审核，仍处于停产整改期间。该事件表明公司在产品质量管理方面重视不够，投入不足，其生产的产品没有达到国家规定的质量标准，导致产品质量和法规遵循方面存在重大缺陷，该重大缺陷将导致公司的持续经营存在重大不确定性，严重影响公司战略目标的实现。由于存在上述重大缺陷，我们提醒本报告使用者注意相关风险。需要指出的是，我们并不对 A 公司的非财务报告内部控制发表意见或提供保证。本段内容不影响对财务报告内部控制有效性发表的审计意见。

6.3.2　重大的市场或革命性的技术变化引致的重大缺陷

在现代激烈的市场竞争中，市场经常面临急剧而重大的变化，高科技行业的技术革新非常迅速，一旦出现了革命性的技术变化，而在这行业中的企业没有及早预见到市场和技术的重大变化，及时采取有效的应对措施，往往就会形成内部控制和风险管理的重大缺陷，甚至导致经营失败。

（1）事件概述

B公司是一家中型房地产开发企业。自2010年以来，国家对房地产的调控政策逐步严格，房地产企业因此产生了严重的资金压力。一方面，限购、限外、限贷等严格的调控需求政策，将有效地打压投资，抑制购房需求；另一方面银行开始对房地产开发贷款和个人住房贷款实施严格控制，包括房贷收紧、加息、提高首付比例等多种信贷政策的共同作用将明显影响楼市成交量，从而抑制房价的上涨。

由于受这些因素的共同影响，B公司销售面积、成交量迅速下降、存货增加，预收款和定金的也急剧减少，资金相当紧张，而外部融资渠道有限，已经开始借民间高利贷了。特别是在2011年5月，由于一笔银行短期借款逾期，已经接到贷款行通知，如果不能在一个月内归还贷款，贷款行将考虑把B公司告上法院，通过诉讼手段催收贷款。

（2）事件评论

B公司由于受到国家对房地产行业整体调控的影响，以及随之而来一系列重大政策变化，导致资金紧张，面临被贷款行起诉的风险。国家对房地产行业的政策调控虽然是整个行业的系统性风险，B公司自身无法避免，但B公司应当积极应对挑战和困难，调整公司的经营策略方针，全面加强内部控制和风险管理工作，加强资金管理，如通过降价促销、考虑多种融资渠道或引进强大的行业龙头企业作为战略投资者等方式来度过困难时期。遗憾的是，B公司管理层对风险管理和内部控制工作重视不足，应对措施不力，导致资金高度紧张，面临被起诉的风险。

（3）对内部控制审计报告的影响

如果B公司的财务报表进行了公允反映和充分披露，注册会计师可以对财务报表发表标准无保留意见的审计报告，但是对于内部控制审计报告来说，注册会计师仍应当增加非财务报告内部控制重大缺陷的描述段如下：

我们注意到 B 公司的非财务报告内部控制存在重大缺陷。B 公司资金紧张，不能按期归还贷款，面临被贷款行起诉的风险。该事件表明公司在资金的预算、筹集、使用、偿还管理和合同遵循方面存在重大缺陷，该重大缺陷将导致公司收入减少、成本费用增加、资金紧张以及存在持续经营的疑虑，严重影响公司战略目标的实现。由于存在上述重大缺陷，我们提醒本报告使用者注意相关风险。需要指出的是，我们并不对 B 公司的非财务报告内部控制发表意见或提供保证。本段内容不影响对财务报告内部控制有效性发表的审计意见。

6.3.3　关键管理或技术人员离职导致的重大缺陷

（1）事件概述

C 公司是从事石油勘探和开采的一家小型股份公司，成立于 2006 年，公司成立后，由于没有石油勘探、开采方面的专家，面临着严峻的技术困难。在 2006 年 7 月，公司招聘了石油系统的一位技术专家张爱民教授任技术总监，张教授拥有 20 多年从事石油地质勘探、开采的实际工作经验。他的加入，解决了公司的技术难关，培养了几名公司的技术人员，使公司在较短的时间内就建设了好几口出油量较好的油井，公司很快就实现盈利，进入健康发展的轨道。但在 2009 年 7 月，由于张教授与公司董事长之间存在严重的意见分歧和冲突，张教授最终离开公司。

（2）事件评论

在张教授离开公司后，公司一直没有招聘到新的技术总监。张教授培养的几名技术人员由于专业理论基础不扎实，实践经验不丰富，无法解决关键技术困难，公司的生产仅靠原来的旧井在维持，并不断地自然减产；新井勘探和建设工作不知如何下手，无法进一步扩大再生产。管理层深知，虽然现在公司的生产经营还能维持，但如果没有招到合适的技术总监，突破技术难关，公司的未来发展将存在重大的不确定性。

(3) 对内部控制审计报告的影响

虽然，此事不会直接影响财务报表的真实公允反映，财务报表的审计报告仍然可以是标准无保留的，但是对于内部控制审计报告来说，注册会计师应当增加非财务报告内部控制重大缺陷的描述段如下：

我们注意到C公司的非财务报告内部控制存在重大缺陷。C公司技术总监自2009年7月离职以来，C公司至今仍未招聘到合适的技术总监，公司在生产技术方面存在重大困难。该事件表明公司在人力资源的招聘、培养、使用、持续发展等方面存在重大缺陷，该重大缺陷将导致公司关键技术专家流失，未来发展存在重大不确定性，严重影响公司战略目标的实现。由于存在上述重大缺陷，我们提醒本报告使用者注意相关风险。需要指出的是，我们并不对C公司的非财务报告内部控制发表意见或提供保证。本段内容不影响对财务报告内部控制有效性发表的审计意见。

6.3.4 阿里巴巴欺诈门事件[①]

(1) 事件概述

2011年2月21日，阿里巴巴自揭伤疤，承认在2009年和2010年，分别有1219家和1107家签约的中国供应商涉及诈骗全球买家。而阿里巴巴的首席执行官卫哲及首席运营官李旭晖也因此引咎辞职。该事件导致阿里巴巴的股价在2月22日大幅下挫8.63%，收报15.24港元。

(2) 事件评论

在激烈的市场竞争下，供应商出现欺诈是经常发生的事情。在电子商务中，特别是分销商和供应商存在量多、分散、多变的情况下，分销和零售行业的欺诈行为很容易出现。阿里巴巴愿意主动承认存在欺诈行为，在中国公司中算是很难得的。阿里巴巴有上千家涉嫌欺诈的供应商，其内部有员工协助欺诈，这说明阿里巴巴内部

① “内控缺失，该‘疗毒’的不只是阿里巴巴”，新华网，2011年2月24日。

系统的审计和对员工背景的调查做得不够。而造成内控系统失灵的主因，则是企业在过分强调业绩增长的背景下，内控机制的建设没能跟上业务扩张的速度，最终导致了内控建设与企业发展的脱节。而且更令人担忧的是，这一“脱节”并非是阿里巴巴独有，而是近年来异军突起的不少新兴企业的通病。

2 月 22 日，高盛发表研究报告指出，此事会间接影响阿里巴巴上半年的业绩，不过却认为对其财务表现的直接影响不大，高盛维持阿里巴巴 14 港元的目标价不变。

（3）对内部控制审计报告的影响

虽然，此事不会直接影响财务报表的真实公允反映，财务报表的审计报告仍然可以是标准无保留的，但是对于内部控制审计报告来说，注册会计师应当增加非财务报告内部控制重大缺陷的描述段如下。

我们注意到阿里巴巴公司的非财务报告内部控制存在重大缺陷。阿里巴巴公司在 2009 年和 2010 年，分别有 1219 名及 1107 家签约的中国供应商涉及诈骗全球买家，而公司的首席执行官卫哲及首席运营官李旭晖也因此引咎辞职。该事件表明公司在供应商的准入、审核、监管、评估与淘汰机制建设，以及诚实守信、合法合规经营方面存在重大缺陷，该重大缺陷导致消费者对公司的信任危机，会增加公司在内部控制建设和供应商审核方面的费用，并会对公司的持续快速健康发展产生不利影响。由于存在上述重大缺陷，我们提醒本报告使用者注意相关风险。需要指出的是，我们并不对阿里巴巴公司的非财务报告内部控制发表意见或提供保证。本段内容不影响对财务报告内部控制有效性发表的审计意见。

6.3.5　家乐福价格欺诈事件[①]

（1）事件概述

国家发展和改革委员会提供的最新数据显示，截至 2011 年 2

① “家乐福价格欺诈事件暴露企业内控缺失”，中国会计报，2011 年 2 月 25 日

月22日，家乐福、沃尔玛超市的19家门店因存在虚构原价、低价招徕顾客高价结算、不履行价格承诺、误导性价格标示等价格欺诈行为分别被各地价格主管部门处以最高额度50万元的罚款，罚款总额950万元。

（2）事件评论

在百度搜索栏中，发现近期有不少家乐福各地分公司招聘内控专员或内控经理助理的消息。关于对此事件的评论，普遍的观点是家乐福价格欺诈事件的实质是内控失效。因为，如果该事件只是发生在个别区域的个别行为，那可能是偶然事件，但同样问题大范围、高频次的出现，表明企业内部的控制环境出现了问题。具体到业务层面，家乐福在价格管理方面存在一定缺陷。作为大型零售企业，以商品价签、结算价格为主要内容的价格管理工作应是营运中的关键环节。内部审计部门应重点关注商品价签与结算价格是否一致，如果价签高于结算价格，会导致公司形成损失；而价签低于结算价格，会导致现在发生的价格欺诈事件。

（3）对内部控制审计报告的影响

虽然，此事不会直接影响财务报表的真实公允反映，财务报表的审计报告仍然可以是标准无保留的，但是对于内部控制审计报告来说，注册会计师应当增加非财务报告内部控制重大缺陷的描述段如下。

我们注意到家乐福公司的非财务报告内部控制存在重大缺陷。截至2011年2月22日，家乐福在一些城市的门店因存在价格欺诈行为分别被各地价格主管部门处以最高额度50万元的罚款。该事件表明家乐福公司在商品价签与结算价格管理，诚实守法经营方面存在重大缺陷，该重大缺陷导致消费者对公司的信任危机，会增加公司在内部控制建设和法规遵循方面的费用，并对公司的持续快速健康发展产生不利影响。由于存在上述重大缺陷，我们提醒本报告使用者注意相关风险。需要指出的是，我们并不对家乐福公司的非财务报告内部控制发表意见或提供保证。本段内容不影响对财务报告内部控制有效性发表的审计意见。

6.4 整合审计报告及分析

6.4.1 整合审计报告

根据《企业内部控制审计指引》的规定，注册会计师应当对财务报告内部控制单独出具审计报告，同时对财务报表出具审计报告。但笔者认为，由于对财务报告内部控制出具审计报告的目标也是为了保证财务报表的公允性和可靠性，两种审计的终极目标是一致的，在具体审计实施过程中也是采取整合审计方式来完成的。因此，笔者认为，可以将两份单独的审计报告整合为一份审计报告，以便更清晰、完整地向报告使用者提供有价值的财务信息。实际上，美国 PCAOB 的第 5 号准则也是规定可以单独或整合出具审计报告的。现将标准整合审计报告的模板列示如下。

审计报告

××股份有限公司全体股东：

我们审计了后附的 ABC 股份有限公司（以下简称 ABC 公司）财务报表，包括××年×月×日的公司及合并资产负债表，××年度的公司及合并利润表、公司及合并现金流量表、公司及合并股东权益变动表和财务报表附注。我们也按照《企业内部控制审计指引》及中国注册会计师执业准则的相关要求，审计了 ABC 公司××年×月×日的财务报告内部控制的有效性。

一、管理的责任

按照企业会计准则的规定编制财务报表是 ABC 公司管理层的责任。这种责任包括：

（1）设计、实施和维护与财务报表编制相关的内部控制，以使财务报表不存在由于舞弊或错误而导致的重大错报；

（2）选择和运用恰当的会计政策；

（3）作出合理的会计估计。

按照《企业内部控制基本规范》、《企业内部控制应用指引》、《企业内部控制评价指引》的规定，建立健全和有效实施内部控制，并评价其有效性是企业董事会的责任。

二、注册会计师的责任

我们的责任是在实施审计工作的基础上对财务报表发表审计意见。我们按照中国注册会计师审计准则的规定执行了审计工作。中国注册会计师审计准则要求我们遵守职业道德规范，计划和实施审计工作以对财务报表是否不存在重大错报以及是否在所有重大方面保持了与财务报告相关的有效内部控制获取合理保证。

审计工作涉及实施审计程序，以获取有关财务报表金额和披露的审计证据。选择的审计程序取决于注册会计师的判断，包括对由于舞弊或错误导致的财务报表重大错报风险的评估。审计工作还包括评价管理层选用会计政策的恰当性和作出会计估计的合理性，以及评价财务报表的总体列报。

我们的责任是在实施审计工作的基础上，对财务报告内部控制的有效性发表审计意见，并对注意到的非财务报告内部控制的重大缺陷进行披露。针对财务报告的内部控制审计包括了解财务报告的内部控制，评估重大缺陷存在的风险，并根据风险评估的结果以测试和评估内部控制设计和运行的有效性，以及其他我们认为必要的审计程序。

我们相信，我们获取的审计证据是充分、适当的，为发表审计意见提供了合理基础。

三、内部控制的固有局限性

内部控制具有固有局限性，存在不能防止和发现错报的可能性。此外，由于情况的变化可能导致内部控制变得不恰当或对控制政策和程序遵循的程度降低，根据内部控制审计结果推测未来内部控制的有效性具有一定风险。

四、审计意见

我们认为，ABC 公司财务报表已经按照企业会计准则的规定编制，在所有重大方面公允反映了 ABC 公司××年×月×日的财务状况以及××年度的经营成果和现金流量。

我们认为，××公司按照《企业内部控制基本规范》和相关规定在所有重大方面保持了有效的财务报告内部控制。

××会计师事务所　　中国注册会计师：×××（签名并盖章）
（盖章）　　中国注册会计师：×××（签名并盖章）
中国××市　　××年×月×日

6.4.2　整合审计报告分析

在该份整合审计报告中，注册会计师对财务报表和财务报告内部控制进行了整合审计，并对两者发表了标准无保留意见的审计报告。笔者认为，整合审计报告与单独的两份审计报告相比，从理论研究和实务操作方面有较大的进步，有一定的科学性、先进性和合理性，主要理由如下。

（1）从理论上说，整合审计报告更体现决策有用观

我们知道，审计报告必须满足报告使用者进行投资决策的需要，即决策有用观。注册会计师针对财务报表和财务报告内部控制进行审计，在一份报告中发表意见，提供了更加简洁、清晰、明确的审计意见，方便报告使用者的阅读和理解，更符合审计报告的决策有用价值。

（2）整合审计报告更反映相关性要求

财务报告信息必须符合相关性要求，而整合审计报告的两个审计对象也是紧密相关的。财务报表审计和财务报告内部控制审计之间有很紧密的关联性。①最终目标一致，都是为了保证财务报告信息的真实可靠。②符合法规规定，不存在冲突。我国内部控制审计指引规定由同一家事务所来执行这两种审计，以提高审计效率和效果，节约资源成本。③审计程序方面可以进行整合审计，审计程序

基本相同或相似，审计工作底稿可以共享。

（3）整合审计报告有利于明确区分管理责任和审计责任

在单独的财务报表审计报告中规定，管理层的责任包括“设计、实施和维护与财务报表编制相关的内部控制，以使财务报表不存在由于舞弊或错误而导致的重大错报”；注册会计师的责任包括“在进行风险评估时，注册会计师考虑与财务报表编制和公允列报相关的内部控制，以设计恰当的审计程序，但目的并非对内部控制的有效性发表意见。”实际上，在报表审计中，管理层的责任包括设计、执行有效的财务报告内部控制，注册会计师的责任包括评估与测试财务报告内部控制。因此，把两份报告整合为一份报告，能够更加明确地体现管理层负有设计、执行有效的财务报告内部控制的责任，也明确地体现注册会计师测试与评价财务报告内部控制有效性的责任。

（4）整合审计报告符合国际先进做法

美国是第一个提出进行内部控制审计的国家，规定可以出具一份整合审计报告，它的经验和做法为世界各国提供了榜样和参照。

（5）有利于报告使用者正确理解审计报告

整合审计报告能够有效协调内部控制审计和报表审计结论不一致时对使用者产生的歧义。如果被审计单位的财务报告内部控制存在重大缺陷，此时注册会计师应当对内部控制发表否定意见。在这种情况下，如果被审计单位接受了注册会计师的审计调整建议，注册会计师仍然可以对财务报表发表标准无保留意见的审计报告。如果注册会计师对内部控制和财务报表单独发表审计意见，出具两份审计报告，报告使用者很容易产生疑惑、歧义和误解，为何内部控制存在重大问题，而财务报表却没有问题。如 2012 年度信永会计师事务对新华制药公司内部控制出具了否定意见报告，而对财务报表却出具了标准无保留意见的审计报告，结果引致理论界、新闻界的质疑和批评。在这种情况下，如果将两份审计报告整合为一份报告，同时增加强调事项段，说明虽然内部控制存在重大缺陷，并对财务报表产生影响，但由于企业已经接受了审计调整建议，更正了财务报表，因此财务报表仍然是真实公允表述的。这样就能够有效地避免报告使用者对两种审计不同意见造成的歧义和误解，对企业、报告使用者、注册会计师都是非常有利的，能够实现共赢结果。

6.5　本章小结

本章主要阐述了审计完成阶段的主要工作和审计报告的类型、应用模板举例。在审计完成阶段的主要工作，包括获取管理层声明书，沟通相关事项，考虑期后事项的影响，记录审计工作，评价审计证据，形成审计意见。内部控制审计报告有四种类型，分别为标准无保留、无保留加强调事项段、否定意见、无法表示意见四种，本章分别对四种报告的应用条件进行了说明。另外，针对非财务报告内部控制的重大缺陷描述段，本章举了五个案例，分别是行业重大事件、重大政策变化引致的重大缺陷，重大的市场或革命性的技术变化引致的重大缺陷，关键管理或技术人员离职导致的重大缺陷，阿里巴巴欺诈门事件，家乐福价格欺诈事件。最后，对财务报告内部控制和财务报表整合审计，提供了一份整合审计报告的模板，并对整合审计报告进行分析，阐述了整合审计报告的先进性和合理性。

第7章 全面内部控制审计案例分析

目前，以美国为代表的西方发达国家都仅要求对财务报告内部控制进行审计，出具短式审计报告，我国也采取了这一做法。针对全面内部控制的审计报告，目前在国内外还没有形成比较认可的标准和报告格式，很值得理论和执业界进行认真的探讨研究。考虑报告使用者对信息的需求程度，笔者认为采用独立的、书面、详式报告更能体现全面内部控制审计的目标和要求。下面笔者以M有限公司为例，基于整合审计的方式，采取自上而下的审计方法，对全面内部控制审计流程和审计报告进行说明，希望能够对注册会计师的审计实践有所指导和帮助，同时也有利于丰富内部控制审计理论。

7.1 M有限公司概况

M有限公司（以下简称“M公司”）成立于2000年××月××日，注册资本金为人民币3.765亿元，现有员工400多人。M公司本着以市场为导向、产业化发展为目标，坚持自主创新发展为主，并注重消化吸收国际最新的行业科技成果，现已发展成为国际领先的生物高技术公司。公司自成立以来，以X大学、中国医学科学院等国内一流的高校、科研单位为技术依托，致力于为预测、预防和个体化医疗等集成性医疗领域研发提供创新性产品和服务，研制出了包括基因、蛋白、细胞芯片和芯片实验室等生物芯片，以及相关仪器设备、试剂耗材、软件数据库等的几十项具有自主知识产权，可以在国际舞台上与国际厂家竞争的产品和服务，主要产品获得了中国食品药品监督管理局（SFDA）《医疗器械注册证》，欧盟CE认证，美国食品药品监督管理局（FDA）安全通关备案等证书。目前，公司产品及服务已出口到北美、欧洲、亚洲、中东等20余个国家和地区，其中，英法德意为代表的十几个欧盟国家近百家医院购买了公司的芯片产品，用户反映良好。截至2010年1月，M公司总资产达人民币5.25亿元，拥有面积超过2.4万平方米的研发、生产和运营车间，包括临床诊断级微阵列芯片和配套试剂GMP生产车间，硅基、塑料基微流体芯片微加工洁净车间，以及生物芯片相关仪器设备生产车间。公司先后获得了中国食品药品监督管理局颁发的《药品生产企业许可证》、《医疗器械生产企业许可证》和《医疗器械经营企业许可证》，以及国家认可委员会颁发的《实验室认可证书》和ISO 9001、ISO 17025质量管理体系和对外服务实验室资质认证。目前，公司独资拥有2家境外法人企业（M香港有限公司和美国M国际有限公司），通过专利出资和现金出资控股Y生物科技有限责任公司（国内），参股美国Z公司。

M公司将依靠优秀的研发、生产、营销和服务团队，凭借国际领先的生物芯片生产技术，高标准的质量保证体系，完善的售后服务平台，为广大客户和合作伙伴提供先进的生物芯片技术服务和应用整体解决方案。M公司坚持“科技领先、服务完善、注重细节、质量稳定”的经营理念，为客户提供优质、高效的全方位检测服务。

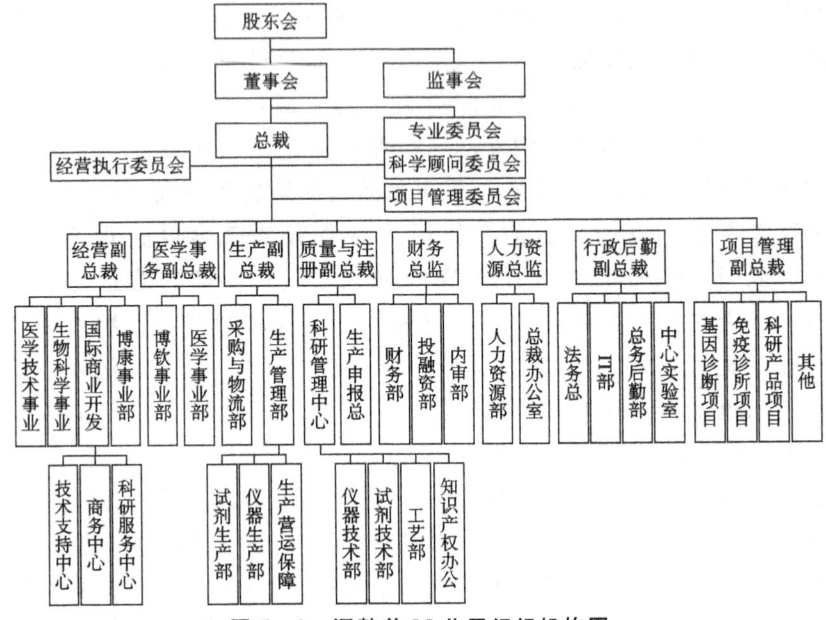

图 7－1　调整前 M 公司组织机构图

7.2　整合审计计划

7.2.1　被审计单位公司基本情况

略，见 7.1。

7.2.2　审计目的和范围

（1）目的：按照《企业会计准则》对公司 2010 年度合并报表进行审计，出具审计报告，供控股母公司合并报表及工商年检使用；公司同时还要求进行全面内部控制审计，单独出具内部控制审计报告。

（2）审计范围：

表 7－1　　审计范围表

子公司名称	注册地点	注册资本（万元）	持股比例（%）	母公司年末实际投资额（人民币元）	经营范围
M（香港）有限公司	香港	HK $ 1.00	100	2 007 600	生物芯片及相关仪器
M 国际有限公司	美国	USD $ 1.50	100	3 942 550	生物芯片及相关仪器设备的开发研制和销售
××市 M 独立医学实验室有限公司	中国××市	RMB1 700	100	17 000 000	对医学检验科、病理科的筹建提供支持；健康咨询服务；分子诊断与基因检测，相关技术研究，产品开发

7.2.3　初步审计策略

（1）采取整合审计的方法，通过测试控制设计、执行的有效性，以实现两种审计的目标，并提高审计效率、降低审计成本和审计风险。

（2）该公司自成立以来一直由四大成员所审计，每年均出具标准无保留意见的审计报告，公司不是公众公司，审计风险为低。按照风险导向审计原则，充分关注内控设计和执行的有效性，以确定实质性测试的性质、时间和范围。由于成都子公司成立时间很短，规模也很小，美国、中国香港子公司都为壳公司，没有业务，且财务资料都在公司财务部。因此对以上子公司采用审阅的办法，主要对银行账户和往来进行函证，关注几个重点科目就可以了。

（3）与前任审计师的沟通。经过与前任审计师沟通协调，前任审计师同意把以前年度审计的工作底稿尽可能地提供给我们参考，因此能够大大减少我们的工作量。

（4）利用他人的工作。公司目前虽然设立了内审部，但人员没有到位，也没有真正开展工作，企业目前也没有开展内部控制的自我评估工作，因此没有可以利用的地方。

7.2.4 审计风险的初步评估和重要性水平

表 7-2 M 公司 2010 年 12 月 31 日未审合并资产负债表

单位：人民币万元

资产	期末数	期初数	负债和所有者权益（或股东权益）	期末数	期初数
流动资产：			流动负债：		
货币资金	15 598.35	11 844.82	应付账款	1 967.95	1 933.18
交易性金融资产	3 539.61	7 078.79	预收款项	2 031.10	678.06
应收账款	5 042.13	4 783.69	应付职工薪酬	1 775.49	1 845.63
预付款项	597.85	600.09	应交税费	889.25	698.60
其他应收款	329.29	229.60	其他应付款	336.87	194.34
存货	3 895.66	3 946.02		—	—
流动资产合计	29 002.89	28 483.00	流动负债合计	7 000.65	5 349.80
非流动资产：				—	—
长期股权投资	980.25	1 065.46	所有者权益（或股东权益）：	—	—
固定资产	14 162.77	14 378.74	实收资本（或股本）	37 650.00	37 650.00
无形资产	5 749.65	5 597.36	资本公积	11 580.25	11 464.68
开发支出	1 300.39	871.53	盈余公积	210.03	210.03
长期待摊费用	32.75	—	未分配利润	-3 893.41	-3 171.15
递延所得税资产	1 036.30	925.20	外币报表折算差额	-72.52	-52.07
其他非流动资产	210.00	130.00	归属于母公司所有者权益合计	45 474.35	46 101.49
非流动资产合计	23 472.11	22 968.29	少数股东权益	—	—
资产总计	52 475.00	51 451.29	负债和所有者权益总计	52 475.00	51 451.29

该公司经营稳定，2010 年度营业收入为 129 239 157 元，2009 年为 116 428 496 元，比 2009 年增长 11%，但 2010 年毛利率和净利率都比去年有所下降。关注影响因素，综合各项因素的考虑，该公司联合风险较低，可接受的检查风险较高。

报表层次重要性水平，按 2010 年未审报表销售收入的 129 239 157.37 的 1% 和资产总额 524 750 017 的 1% 孰低确定如下：

129 239 157 ×1% =1 292 391.57（元）

524 750 017 ×1% =5 247 500.17（元）

最后确定重要性水平金额为 130 万元，审计差异归集限：按报表层次 130 万元的 2% 确定为 2.6 万元。内部控制审计的重要性水平也一样。

7.3　开展内部控制审计工作

在整合审计中，对控制设计、执行有效性的测试将代替作用单一的控制测试。注册会计师通过测试控制设计、执行的有效性，以达到两种审计的目标，提高审计效率、降低审计成本和审计风险。

7.3.1　自上而下的审计方法

按照自上而下的审计方法，注册会计师实施了如下的审计程序。

（1）了解公司的行业状况、公司在行业中的地位、行业的影响因素；

（2）公司的生产经营活动、主要产品、提供的服务等；

（3）了解公司管理层的管理职责、风险意识、内部控制的理念、态度等；

（4）检查公司制定的内部控制制度是否涵盖所有重要业务和固有风险较高的领域。

经了解，发现公司管理层都是科学技术人员，他们都是严谨认真的科研人员、科学家，长期从事生物医学研究，热爱科研事业和专利技术的研究、申请；但对于企业的经营管理、内部控制和风险管理方面的知识有限，不擅长于财务管理、投融资管理等，对会计准则、制度的知识掌握有限。

按照公司的生产经营活动，可以划分为以下几个主要业务流程：资金管理、销售与收款、采购与付款、研究与开发、生产与仓储、投融资管理、人力资源管理。质量管理体现在采购、生产和研发的各个流程之中，项目管理部主要是负责与其他单位的项目合作，应包含在投资流程中。上述业务流程涵盖了公司所有的重要业务及固有风险较高的领域和报表科目。公司有多位分管副总裁，几乎每个重要流程都有一位副总裁来负责，下面设置一个或多个具体职能部门来执行。

7.3.2 测试设计和执行的有效性

（1）注册会计师针对业务层面的控制，根据重要性原则，确定企业的主要交易类别和重大会计账户及其相关认定如表 7－3。

表 7－3　主要交易类别、处理过程、重大账户及其认定对照表

主要交易类别	重要处理过程	重大会计账户	相关认定
销售与收款	发生、授权、记录、处理和报告	销售收入	发生、完整性、截止正确
		应收账款	存在、计价、分摊、余额准确性
采购与付款	发生、授权、记录、验收入库和报告	存货	所有权、存在性、完整性、余额准确性
		应付账款	存在、完整性、计价和分摊
		固定资产	存在、权利、计价和分摊
生产与仓储	发生、授权、收发存和报告	存货	
		销售成本	发生、完整性、截止正确

续表

主要交易类别	重要处理过程	重大会计账户	相关认定
人事与工薪	发生、授权、记录、处理和报告	应付职工薪酬	存在、完整性、计价和分摊
		管理费用	存在、完整性、正确性
投融资	发生、授权、记录、处理和报告	长期投资	存在、权利、计价和分摊
		其他非流动资产	存在、权利、计价和分摊
研究与开发	发生、授权、记录、处理和报告	开发支出	存在、权利、计价和分摊

（2）针对主要业务流程，对内部控制的设计和执行进行测试

①注册会计师按照业务流程，采用访谈程序，采访了各业务部门的负责人，对内部控制的设计进行进一步的了解，整理访谈记录，对活动及相关控制进行描述如下：交易的发起和授权；交易的记录和账务处理活动，相关列报的编制及其披露；重大风险点的识别，对此风险点的相关控制活动；并考虑对舞弊的相关控制活动，在访谈中增加对舞弊控制措施的内容。

②执行穿行测试。穿行测试是指注册会计师检查、测试一笔交易或业务活动从开始到结束的全过程。

③执行控制测试。注册会计师主要采取检查相关文件记录、观察和重新执行三个程序；控制测试的时间安排以接近年底的第四季度为重点，前面三个季度也有所涉及；控制测试的样本量，对于采用计算机自动控制的样本量一般为一至两个，对于非计算机控制的测试样本量，在对公司整体层面和业务层面进行了解后，注册会计师认为公司的内部控制风险评估水平由原来的低调整为中，因此测试的样本量取表7-4的中间数。

注册会计师在对内部控制进行测试后，记录执行情况，并要考虑控制偏差的影响。

7.3.3 举例说明

下面以采购和付款业务流程为例，说明内部控制设计和执行测

表 7-4　　控制测试的样本量对照表

频率	总量	控制的风险水平		
		低	中	高
每年	1	1	1	1
每季	4	1	1	2
每月	12	2	3	5
每周	52	5	10	15
每日	250	20	30	40
一日多次	250 以上	25	45	60

试的过程。

（1）了解业务流程

①采购部门的组成及主要职责。母公司采购部门目前有 13 个人，分别为采购小组 5 人，物流（储运）5 人、进出口业务 3 人，日常办公用品的采购由后勤部门来执行。分公司根据母公司的制度和采购流程，结合自身实际情况，制订采购和付款业务操作办法，报母公司采购部批准后执行，具体采购由分公司自行安排。

②采购业务种类。公司的采购有计划性采购和临时性采购两种，年度采购计划根据年度销售和生产计划来制定，有专门的计划管理制度，年度采购预算需要财务部门参与制定。临时性采购由需求部门提出采购申请单，根据金额权限进行审批，财务总监的权限是 5 万元，超过 5 万元由总裁审批，由采购部门安排采购。

③合格供应商的确定。公司有专门的制度《供方评估管理规程》，参与人员有质量管理、物流、工艺研发部门，必要时还增加生产部门、财务部门、新成立的内审部人员参加。

④货物验收程序。先由采购小组进行初步验收，根据采购合同核对数量、外观、货号，然后填写请验单到质量管理部验收，质量管理部主要进行质量检验，检查合格后会出具质量检验报告单安排入库，入库后由物流组进行保管。如果质管部出具不合格品报告

单，就由采购组负责退货。

⑤付款程序。根据财务部门的请款制度来付款，采购部门提出支票申请单，按照规定权限进行签字审批。

⑥采购人员的考核制度。公司对采购人员建立了绩效考核管理制度，根据不同岗位设置不同的 KPI（Key Performance Indicator），每季度考核。采购 KPI 主要指标有：采购任务完成率、采购资金节省、采购准时交货率、采购质量合格率；物流岗位 KPI 主要指标有：物流资金节省、账物卡相符率、运输准确性等。

⑦针对采购相关费用的管理和控制活动。公司建立了严格的差旅和交通报销制度，每年有年度预算，绝对不允许存在给供应商支付回扣等违规行为。

（2）测试控制设计的有效性

①本循环涉及的主要业务活动包括：采购、记录、付款、供应商档案维护与更新。

②本循环涉及的账户包括：存货、应付账款、预付账款、管理费用、销售费用。

③测试交易设计流程。是否委托外部服务机构进行采购？是否制定了相关制度或程序以保证职责分离？这些制度或程序是否合理、完整？公司制定了《采购和付款业务操作办法》、《年度采购计划》、《供方评估管理规程》、《质量检验报告单》、《绩效考核管理制度》、《采购费用报销管理办法》等制度、办法和手册，设计完整有效。

（3）测试控制执行的有效性

针对执行有效性的测试，设计了测试表（表 7－5）。

测试结论：注册会计师根据控制测试的样本量对照表，按照风险评估为中等的水平确定测试样本量，选取了相应的凭证、单据进行了测试，未发现异常；而且，注册会计师从实施其他审计程序获取的审计证据，也没有发现采购和付款环节存在问题和缺陷的证据。因此，测试结论为：控制执行有效。

表 7-5　采购与付款循环执行有效性测试表

序号	主要控制活动	相关认定						是否得到执行
		存在或发生	完整性	权利和义务	准确性	计价和分摊	截止	是/否
1	采购合同的订立与审批、采购与验收、实物资产的保管与会计记录、付款审批与执行等不相容职务相分离	√	√	√	√	√		
2	采购订单与采购申请单核对一致，并按权限审批后签订合同	√						
3	采购订单连续编号		√					
4	采购小组根据采购订单核对数量、规格、型号，由质量管理部门检验后方可入库					√		
5	验收入库单连续编号，仓库保管人员登记实物账		√					
6	财务部门审核验收入库单、采购发票、采购合同或订单，核对一致后登记入账	√		√	√	√		
7	付款申请单经财务人员审核后，按规定权限审批，由出纳付款，财务人员进行账务处理				√	√		

续表

序号	主要控制活动	相关认定						是否得到执行
		存在或发生	完整性	权利和义务	准确性	计价和分摊	截止	是/否
8	月末之前，采购部门应将收到的所有采购发票及相应单证交财务部门进行账务处理		√				√	
9	由财务部门、采购部门与供应商定期对账		√	√	√	√		
10	定期分析实际采购成本与预算差异，落实考核				√			

7.3.4　评价控制缺陷

在完成和记录控制缺陷后，注册会计师应对控制缺陷进行分类，并考虑控制偏差的影响和补偿性控制的作用。根据注册会计师的专业判断，发现存在如下重大控制缺陷。

第一部分，财务报告内部控制重大缺陷，这些控制缺陷从金额上单独或联合起来都超过了重要性水平，好几项都涉及重大会计差错更正，从性质上来说，还发生了经济案件，可以说是比较严重的。

（1）应收账款坏账损失巨大

公司自 2007 年以来，采取了以销售业绩为导向的销售激励政策，销售人员的收入（包括销售提成、销售费用）直接与销售额挂钩，一名骨干业务员韩某与几家客户串通舞弊，虚增销售额和应收款近 3000 万元，骗取销售提成和奖金，导致 2010 年年末公司坏账准备余额达到 4400 多万元。2011 年年初，公司已经向公安机关报案，韩某已经被刑事拘留。韩某案件暴露出公司在销售和收款内控方面存在的重大缺陷，在业务流程和交易的控制方面需要进行改进和完善。

公司应明确赊销政策，对赊销客户的信用进行等级评定，定期核对应收账款，制定相应的应收账款账龄分析、催收制度，激励和奖罚措施，尽量缩短收回账款的时间，防止发生坏账。对有确凿证据确认的死账、呆账，要及时按规定的程序进行正确的账务处理，并认真分析原因，吸取教训，避免以后再发生坏账损失。

（2）存货损失

公司 2010 年年末的存货盘点发现有些库存产品已经超过了保质期，没有及时进行处理。对于发出商品，我们注意到有些商品库龄很长，其中超过两年的有 110 多万元，最长的有 2004 年 12 月发出的。经了解 M 公司未定期与接收商品的单位进行核对，也未对账面所核算的发出商品进行清理，致使这些库龄很长的发出商品没有及时转为销售收入或收回，造成了不应有的存货损失。

公司今后要注意加强存货的管理，从源头上把好产品质量关，尽量压缩过期存货，及时核对、清理发出商品，避免或减少存货损失。

（3）长期投资减值损失

对 H 公司的投资×××万元全部形成损失。公司要认真吸取教训，加强投资前的尽职调查工作，投资后的跟踪管理工作，避免类似事件的再度发生。

（4）加强固定资产管理，避免资产损失

我们在对 M 公司“微阵列”部门固定资产盘点过程中发现，有些资产的明细是按套列示的，如：“流体工作站”编号是 Z2006088－1，数量单位是 1 套 4 件，具体包括什么仪器设备并未明确，这样给盘点工作增加了难度；另外，经过盘点发现有 33 件资产未找到，其中：水溶杂交仪 4 台，生物分析系统 1 台，基因扩增仪 1 台，共 33 台件，账面原值×××万元，其差异原因之一是存在仪器出借的情况，但出借仪器设备并未履行相关手续。

（5）未能清晰地区分研究和开发阶段的支出

《企业会计准则—无形资产》规定，符合条件的开发费用可以资本化，但 M 公司并没有制定明确可操作的会计政策，清晰地区分研究与开发阶段，并与研发部门达成一致，导致 2008 - 2010 年每年都出现了对开发支出资本化前期差错更正且金额较大，对公司的财务核算造成负面影响。如 2009 年度审计报告附注中的前期重大差错更正事项如下："2008 年本公司将 N 等五个项目开发阶段的支出共计 × × ×万元予以资本化，但是期后发生的情况证实存在以下不能同时满足资本化条件的情形：

①存在技术障碍导致不能完成该无形资产，使其能够使用或出售；

②运用该无形资产生产的产品缺乏竞争性，不能给企业带来既定的经济效益。

因而对上述会计差错采用追溯调整法进行调整，分别调减 2008 年 12 月 31 日开发支出 × × ×万元，调减 2008 年 12 月 31 日应交税金 × × ×万元，调减 2008 年 12 月 31 日留存收益 × × ×万元，调增 2008 年度管理费用 × × ×万元，调减 2008 年度所得税 × × ×万元，调减 2008 年度利润 × × ×万元。"

2010 年度也存在相似的问题，将在审计报告附注披露前期重大会计差错更正，详见下面的财务报表审计报告部分。

（6）专项拨款核算方面

公司对政府部门的专项拨款核算政策不够明确，建议按照政府部门的拨款批准文件和会计准则的规定，明确区分作为资本公积、递延收益还是计入当期损益。

（7）采用的会计政策未完全统一

如 M 公司是在个别认定的基础上按账龄分析法计提坏账，而子公司并没有按照母公司的坏账政策计提坏账。

我们建议 M 公司及下属子公司应统一会计政策，以提高会计信息质量。

(8) 与外部审计的沟通、协调不够

表现在M公司对于前任审计调整事项没有逐一加以核对，达成一致，及时调整账务，特别是对以前年度应交税金、社保及公积金的审计调整事项。

(9) 费用报销方面

我们发现支出凭单只有领款人（报销人）签字，没有主管人员审批签字；多数支出凭单的记账和审核为同一人员。

第二部分，非财务报告内部控制重大缺陷：

(1) 公司治理结构不够合理

如董事会未设立审计、提名、薪酬等专业委员会，公司目前虽有内审部门的编制，但人员没有到位，也没有开展内部审计工作。

(2) 公司的组织架构不合理，隶属关系不正确

如内审部设置在财务总监之下；副总裁级别的高管人员太多，组织架构不够精简高效，影响了经营的效率和效果。详见审计报告的说明。

(3) 人力资源政策存在不合理之处

我们发现公司有一位副总裁的升降过程存在不合理之处，在2007年该同志为副总裁，由于一个重要客户关系没有处理好，总裁很不高兴，直接通知人力资源部撤销其副总裁职务，降为部门经理；在2008年总裁认为该同志工作表现不错，又通知人力资源部提升为副总裁。可见，公司高管人员的升降由总裁个人来决定，没有严格按照人力资源政策来执行，董事会也没有发挥应有的监督作用。

(4) 企业文化存在不完善之处

公司的高管人员主要以科研人员为主，长期从事生物医学研究，热爱科研事业和专利技术的研究、申请，逐渐形成了一种重科研、轻管理；重技术、轻内控的企业文化。

（5）财务人员及财务管理方面

公司对财务人员的培训、知识更新重视不够，财务人员的流动性较大，近几年每年都有财务人员离职，造成工作衔接方面的困难和队伍的不稳定。财务人员的主要工作只是记账、算账、报账的核算方面，财务管理、监督、参与决策职能处于起步和设想阶段。

（6）税务管理方面

财务人员对税务知识了解、掌握不够，更没有跟踪最新税务相关法律法规的变化，及时更新相关知识，因此在税收筹划、合理避税、为公司创造价值方面，没有发挥应有的作用。

7.4　完成审计工作，出具内控审计报告

7.4.1　内部控制审计报告

注册会计师在获取了管理声明书后，与管理层书面沟通了上述全部内部控制重大缺陷，由于注册会计师细致认真的工作和完善的工作底稿，有说服力的审计证据，公司管理层接受了注册会计师的审计意见和审计调整建议。注册会计师获取了充分适当的审计证据，整理了完整的审计工作底稿，形成了内部控制的审计意见。注册会计师针对 M 公司全面内部控制出具审计报告如下，其中针对财务报告内部控制，发表了否定意见。

内部控制审计报告

M 有限公司全体股东：

按照《企业内部控制审计指引》及中国注册会计师执业准则的相关要求，我们审计了 M 有限公司（以下简称 M 公司或公司）2010 年 12 月 31 日财务报告内部控制的有效性。

一、企业对内部控制的责任

按照《企业内部控制基本规范》、《企业内部控制应用指引》、

《企业内部控制评价指引》的规定，建立健全和有效实施内部控制并评价其有效性是企业董事会的责任。

二、注册会计师的责任

我们的责任是在实施审计工作的基础上，对财务报告内部控制的有效性发表审计意见，并对注意到的非财务报告内部控制的重大缺陷进行披露，同时提出相应的管理建议。

三、内部控制的固有局限性

内部控制具有固有局限性，存在不能防止和发现错报的可能性。此外，由于情况的变化可能导致内部控制变得不恰当或对控制政策和程序遵循的程度降低，根据内部控制审计结果推测未来内部控制的有效性具有一定风险。

四、导致否定意见的事项

M 公司并没有制定明确可操作的内部控制制度和流程，清晰地区分研究与开发阶段，导致 2008 年 –2010 年每年都对开发支出资本化进行前期重大差错更正，对公司的财务核算造成负面影响。公司也没有对政府的专项拨款确定明确的会计政策和核算办法，明确区分作为资本公积、递延收益还是计入当期损益，导致 2010 年进行了重大会计差错更正。公司对销售和收款的内部控制设计和执行方面存在重大缺陷，导致韩某案件的发生，给公司造成了重大经济损失。公司对存货、固定资产、投资的内部控制设计和执行方面也存在重大缺陷，给公司带来重大经济损失。这些控制缺陷从金额上单独或联合起来都超过了重要性水平，其中好几项都涉及前期重大会计差错更正，从性质上来说，还发生了经济案件，可以说是很严重的。

有效的内部控制能够为财务报告及相关信息的真实完整提供合理保证，而上述重大缺陷使 M 公司内部控制失去这一功能。

五、财务报告内部控制审计意见

我们认为，由于存在上述重大缺陷及其对实现控制目标的影响，M 公司未能按照《企业内部控制基本规范》和相关规定在所有重大方面保持有效的财务报告内部控制。

六、非财务报告内部控制的重大缺陷

在内部控制审计过程中，我们注意到 M 公司的非财务报告内部控制存在重大缺陷，这些重大缺陷包括公司治理、组织架构、企业文化、人力资源政策等方面，这些重大缺陷会导致公司不能有效地提高经营效率和效果，实现战略目标。由于存在上述重大缺陷，我们提醒本报告使用者注意相关风险。针对这些缺陷，我们提出了相应的建议，供管理层完善内部控制。需要指出的是，我们并不对 M 公司的非财务报告内部控制发表意见或提供保证。

七、加强全面内部控制的建议

（1）调整组织架构，完善公司治理结构，增强董事会及其下属专业委员会的职能和作用，按照合理化，精简高效的原则，将组织架构进行如下调整。

①将各专门委员会设置在董事会之下，而不是在总裁之下，提高了各委员会的级别，增设了审计委员会，并引入了外部独立董事。将内审部设置在审计委员会之下，直接对审计委员会负责，而不是设置在财务总监之下。

②将运营、医学事务、生产、质量与注册副总裁四个职位合并为一个运营副总裁，全面负责以上四项事务，因为这四项事务联系紧密，都是直接与生产运营相关，合并成为一个副总裁职位，非常有利于提高效率，减少扯皮和内耗。

③撤销项目管理委员会和项目管理副总裁职位。由于公司的对外科研合作项目并不多，因此不需要设置专门的项目管理委员会，但考虑到对外科研合作项目的特殊性和重要性，而将项目管理部直接设置在总裁之下，由总裁直接管理项目管理部。

④由财务总监来负责投融资部，因为投融资管理是财务总监的一项主要工作。

⑤撤销人力资源总监职位，由行政后勤副总裁直接管理人力资源部，撤销项目管理副总裁职位，只设置项目管理部。

⑥将中心实验室从行政后勤管理系统转移到科研管理中心，由技术总监来负责。通过以上精简、撤并工作，减少高层管理职位，保证了管理层次和流程的顺畅，可以极大地提高工作效率和效果，同时节约了管理成本和费用，提高了企业的经济效益。请看如图7－2调整后的组织机构图。

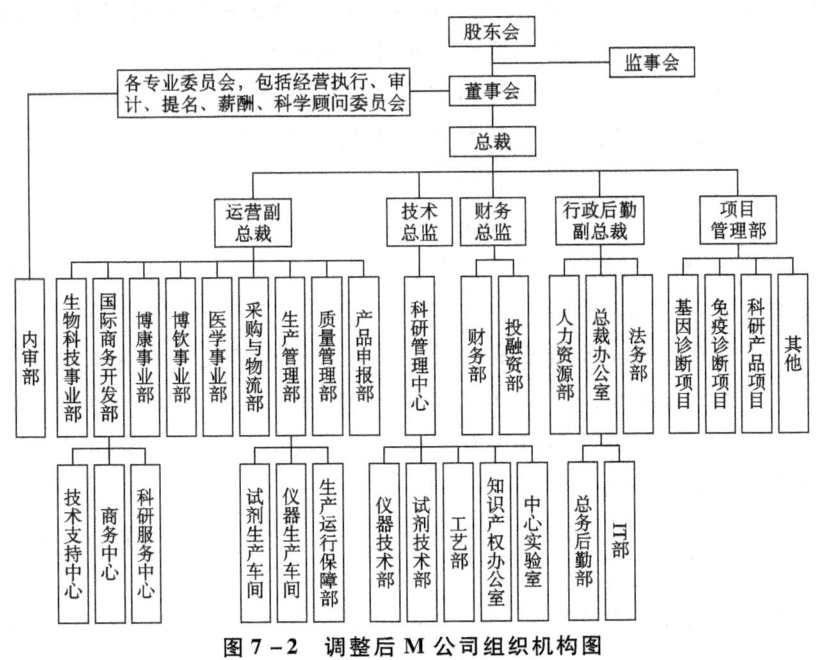

图7－2　调整后M公司组织机构图

（2）完善人力资源政策和实务，培育全面完整的企业文化

①我们发现公司的人力资源政策存在不合理之处。如公司有一位副总裁的升降过程就反映出了该问题，在2007年该同志为副总裁，由于一个重要客户关系没有处理好，总裁很不高兴，直接通知人力资源部撤销其副总裁职务，降为部门经理；在2008年总裁认为其工作表现不错，又通知人力资源部提升为副总裁。可见，公司高管人员的升降直接由总裁个人来决定，董事会也没有发挥应有的职能，没有严格按照人力资源政策来执行。在此，我们建议公司应

该完善人力资源政策，特别要加强员工的选拔任用、薪酬管理、绩效考核等方面的制度建设和贯彻落实，加强董事会的作用，实行集体决议和合议制度，避免个人专权和独断行为。

②我们发现公司的企业文化存在不完善之处。公司的高管人员主要以科研人员为主，长期从事生物医学研究，热爱科研事业和专利技术的研究、申请，逐渐形成了一种重科研、轻管理；重技术、轻内控的企业文化。我们建议公司应当树立现代企业管理理念，强化风险意识和内部控制，培育一种全面发展、积极向上、立志成为“百年老店”和国际一流生物科技企业的企业文化。

（3）财务人员及财务管理方面

①加强财务人员知识的更新、培训。近年来，我国政府相关部门颁布了很多关于会计准则和制度、财务管理、审计、税务、企业内部控制方面的规章制度，公司应该给财务人员更多的培训和学习的机会，创造条件，鼓励、支持他们学习新法规、制度，让他们充分了解、及时更新、掌握新《企业会计准则》、国际会计准则、新税法等方面的知识，以便更好地开展工作，服务公司的快速发展。公司的年度培训计划和费用预算中应考虑财务人员的培训费用和时间安排。另外，应增强财务人员的稳定性。

②发挥财务的管理和监督职能。目前公司财务部的主要职能就是会计核算，而财务管理和监督的职能没有得到应有的发挥，特别是对子公司、被投资单位的管理、监督作用没有发挥出来。随着公司的发展和规模的扩大，财务管理和监督的职能应该得到充分的重视和加强。财务管理和监督应该在降低成本费用、避免和减少损失、增收节支、投融资决策、风险管理、预算管理、协调投资者关系、参与高层决策等方面发挥重要作用。

③树立以企业价值最大化为核心，管理导向的财务管理理念，理顺财务部门和其他部门的关系。企业管理的最终目标是实现企业价值最大化，现代企业的财务部门应该是管理导向的大财务部门，公司所有的交易和经营结果都要通过财务进行核算和体现，但核算

与反映仅是会计工作的一项基本职能。建议公司管理层加强和重视财务工作，让财务的管理和监督职能体现到各个职能部门的工作中，将投融资管理、销售与收款、采购与付款、人事与工薪、生产和研发的管理都纳入到财务管理工作之中，有些部门可以直接归属于财务总监领导，有些部门在财务方面的职能可以由财务部门来行使，以真正发挥财务工作为企业创造价值的作用。

④税务方面。良好的税务管理和税务筹划能够为企业进行合理避税，节约资金，增加公司价值，通过我们在审计过程中获取的审计证据，结合最新税收政策变化，我们认为M公司应重点处理好以下方面涉税事项，为公司创造价值。

A. 企业所得税方面：

a. 不征税收入

财税［2009］87号文在2011年失效，在颁布新文件之前，2011年主要依据财税［2008］151号文，会计核算一定要满足财税［2008］151号文的要求，对专项拨款设置辅助账进行核算；对于研发支出增值税返还款，要按照财税［2008］1号文要求进行独立核算，并及时关注相关新政策。

b. 研发费用加计扣除

相比国税发［2008］116号，财税［2010］81号放宽了研发费用加计扣除口径，如M公司满足财税［2010］81号要求，一定要用好税收优惠政策。

c. 免税收入

企业所得税法规定四种情况为免税收入，对于上市公司股票投资收益免税必须满足持有期间长于12个月的要求。

d. 资产损失

《企业资产损失所得税税前扣除管理办法》（国家税务总局公告2011年第25号）自2011年1月1日起实施，不再允许纳税人自行扣除，所有合规资产损失都必须申报扣除，建议M公司关注此政策。

e. 转移定价

注意国税发［2009］2 号文规定，定价区间合理，定价方式符合行业惯例和企业实务。

B. 营业税：

M 公司拥有交易性金融资产，根据 2009 年发布的《中华人民共和国营业税暂行条例》规定，所有单位从事金融商品买卖业务，按卖出价减去买入价后的余额，即投资收益缴纳营业税，公司如存在投资收益应注意及时纳税；非建筑业劳务纳税主体为提供或接受劳务的境内机构，公司如存在境外应税劳务应及时纳税。

C. 增值税：

增值税必须遵照以票控税的规定，尤其是增值税专用发票认证核销规定及出口核销规定。

D. 发票管理：

2011 年 2 月 1 日开始实施新发票管理办法及实施细则，M 公司营业税及增值税涉及发票开具，发票开具要注意发票管理办法及流转税纳税义务发生的时间规定。

以上的管理建议并不针对 M 公司内部控制的全部问题，仅是针对我们在审计过程中发现的问题而提出的，我们将发现的内部控制方面的主要问题及改进建议提供给你们，希望引起你们的注意，以便完善全面内部控制。由于针对非财务报告内部控制审计提供的是一种保证程度较低的业务，从本质上说应该是属于咨询服务业务，请报告使用者注意该问题，因使用不当所造成的后果，由使用者自行承担，与本所及本所注册会计师无关。

××会计师事务所　中国注册会计师：×××（签名并盖章）
（盖章）　中国注册会计师：×××（签名并盖章）
中国××市　××年×月×日

7.4.2　财务报表审计意见

虽然注册会计师对财务报告内部控制发表了否定意见的审计报

告，但注册会计师针对内部控制审计发现的高风险领域，即销售与收款流程、研究与开发费用资本化环节涉及的财务报表相关科目，分配更多的审计资源，委派经验较多的高级审计人员和项目负责人直接负责审计这些科目和交易事项，调整了实质性测试的性质（程序），增加了测试的样本量，针对与韩某业务相关的每笔交易，以及开发支出资本化、专项应付款科目的每笔交易都进行了详细审计。经过详细的实质性测试程序，注册会计师提出如下审计调整事项。

第一，M 公司对于 863 项目拨款采取了在收到国家拨款时计入“专项应付款”，支出时计入资本化的开发支出和“其他长期资产”科目中的会计处理，未根据《企业会计准则第 16 号—政府补助》的规定计入当期收益；截至 2009 年 12 月 31 日，共计收到 863 项目拨款×××万元，其中 2009 年当年收到×××万元；共计支出×××万元，其中 2009 年共计支出×××万元。

第二，由于韩某事件的影响，公司本期发生了 2008 年度、2009 年度的销售退回，需要相应冲减以前年度的销售收入、销售成本，相应的销项税金计入销售的当期损失，其中：2009 年销售收入×××万元，销售成本×××万元，销项税金×××万元；2008 年销售收入×××万元，销售成本×××万元，销项税金×××万元。

第三，公司补提 2009 年度及以前的坏账准备，其中：2009 年少提×××万元，相应少确认的递延所得税资产×××万元，2009 年以前×××万元，相应的递延所得税资产为×××万元。

同时，注册会计师建议公司对上述会计差错事项全部采用追溯调整法进行调整，分别调整财务报表相关项目的期初数。

公司管理层接受了注册会计师的调整意见，即前期重大会计差错的更正，在报表附注中进行了详细披露，并接受了注册会计师关于加强全面内部控制的建议，补缺补漏，防范和控制风险。最后，注册会计师对 M 公司财务报表出具了标准无保留意见的审计报告。

7.5　全面内部控制审计面临的挑战和未来发展方向

7.5.1　挑战

注册会计师执行全面内部控制审计业务，面临如下挑战。

（1）没有经验可以借鉴

目前国外内部控制审计主要针对财务报告内部控制，没有形成对非财务报告内部控制进行审计或评价的依据或标准，在判断上存在较大的主观因素，缺乏可比性，没有国际经验可供借鉴。在我国，针对全面内部控制的审计也只是处于理论探讨和起步阶段，实践中更多是采用专项审计和管理咨询的方式进行专项委托，基本上没有针对全面内部控制的注册会计师审计业务。当然，在政府审计的实践中，有针对非财务报告内部控制的审计项目，注册会计师可以借鉴政府审计在这方面的经验和做法。

（2）超出了注册会计师的专长领域

注册会计师的专长领域主要在会计、审计、财务管理方面，而对于全面内部控制的其他领域，如发展战略、人力资源、企业文化、社会责任、安全生产、质量管理、环境保护等，涉及多领域的专业知识和深厚的行业知识及经验，超出了注册会计师的知识、技能和经验，需要由其他领域的专家来进行鉴证。

（3）成本效益的约束

根据美国执行财务报告内部控制审计的成本费用调查统计，审计成本费用超出了预期，大幅增加了企业的相关成本费用，成本效益矛盾突出。为此，美国 PCAOB 修改了内部控制审计准则，简化了程序和要求，以降低成本费用。可见，如果将内部控制审计的范围扩展到全面内部控制，势必进一步加剧成本效益的矛盾。

（4）审计风险和责任的考虑

针对财务报告内部控制的审计是一种鉴证业务，其保证程度较高；相应地，注册会计师的审计责任和风险也加大。如果将内部控制审计的范围扩展到全面内部控制，并且还定位为一项审计业务，那么，注册会计师的审计责任和风险将急剧加大，超出了注册会计师的承受能力。当前，注册会计师行业已经面临着资格林立、过度竞争、成本费用上升、诉讼风险加大等各种压力，如果将全面内部控制业务定位为较高保证程度的审计业务，其风险和责任将成为注册会计师的不能承受之重。

7.5.2 未来发展方向

笔者认为，全面内部控制审计的未来发展方向，应该是价值导向的全面内部控制审计，反映了全面内部控制的管理学属性，体现了促进企业持续健康发展的根本目标和要求。由于全面内部控制与财务报告内部控制的目标不同，全面内部控制审计的目标也有所不同，其应该是服从于为企业增加和创造价值的目标，而不仅仅是控制风险的审计目标。具体来说，价值导向的全面内部控制审计，与风险导向或财务报告导向的内部控制审计相比较，体现了如下三点不同的内容和特征：

首先，价值导向的内控审计，是从管理学的视角出发，对内控审计的重新认识。价值导向的内控审计，应该对形成价值链管理的全过程进行全方位审计。企业生产经营的全过程、业务流程的各方面都要进行审计，从产供销到人财物，只要是在企业价值链环节上的各个组成部分，影响企业价值的各方面都要进行审计；价值导向的内控审计要求关注企业经营的效率和效果，以促进企业健康可持续发展为目标。

其次，价值导向的内控审计，对风险承受程度会高于财务导向或风险导向的内控审计。财务报告导向的内部控制是以风险最小化为其出发点和目标，而价值创造导向的内部控制目标是在风险和收益相比较的抉择过程中，将风险控制在可接受的合理水平。在价值管理的抉择过程中，并不是风险越小越好，为了争取公司价值最大化，捕捉商业机会，往往需要管理者积极面对风险，勇敢地迎接挑战，并承担适度的风险。因此，就需要企业管理层正确理解和考虑风险的意义，平衡风险偏好、风险承担、风险容忍度三者之间的关系。笔者认为，风险承担是鼓励企业积极地面对风险，并不是将风险最小化作为最终目标。风险偏好是企业管理层为企业创造价值的过程中所愿意承受的风险水平和对风险的态度，通常与企业战略目标相联系，企业管理层在制定内部控制战略目标时，应该选择一个与战略目标一致的风险偏好。风险容忍度是相对于目标的实现而言所能接受的偏离程度，在确定风险容忍度时，管理当局要考虑相关目标的重要性、可计量性，并使风险容忍度与风险偏好相协调；同时采取有效措施，控制、降低、转移超额风险，以实现战略目标和公司价值最大化。

因此，价值导向的内控审计重要性水平就会高于风险导向的重要性水平，可接受的风险容忍度和水平也会相对较高。

最后，价值导向的内部控制审计，要注重发挥管理信息系统在价值导向中的作用。在构建信息与沟通要素时，要充分发挥管理信息系统的作用，将内部控制审计与 IT 信息紧密结合，通过一体化的、共享的信息平台（如 ERP 系统等），实现有效的信息沟通，提高内部控制审计的效率和效果。

我们知道，全面内部控制的目标是合理保证企业经营管理合法合规、资产安全、财务报告及相关信息真实完整，提高经营效率和效果，促进企业实现发展战略。这些目标的核心和最终目标都是为了实现企业的战略目标，促进企业的持续健康发展，其中也包含了风险管理的要求。而目前提出的风险导向审计理念，是从鉴证业务的特性和报告使用者的需求角度考虑，以提供较高保证程度的历史财务报表鉴证业务为对象，以控制审计风险为目标的现实选择。

从实践中的做法和体会来看，全面内部控制审计业务的未来发展方向应该是价值导向的专家服务业务，审计的主要目的在于帮助企业提高经营的效率与效果，防范和控制风险，避免或减少损失，促进企业的可持续健康发展。针对全面内部控制审计面临的挑战，笔者建议，在现阶段，注册会计师可以针对某一项或几项非财务报告内部控制流程进行专项审计，出具专项审计报告，逐步积累和总结经验，再推广到全面内部控制审计。这样不仅可以增强实务的可操作性，还可以有效降低注册会计师的风险和责任，有利于注册会计师行业的健康有序发展。

7.6 本章小结

本章以 M 有限公司为例，基于整合审计的方式，采取自上而下的审计方法，对整合审计流程进行说明，并提供了一份详式全面内控的审计报告模板。在整合审计中，应强调方法和过程的一致性，从审计计划阶段开始，处理好整合点是非常重要的。因为每一个整合点都是在整合审计的方法下，为两种不同目的的审计目标服务。在本案例中的整合点主要有两个：一是根据风险导向审计理念，了解内部控制并确定控制测试点，二是测试控制设计和运行的有效性。通过这两个整合点，将两种审计整合起来，实现两者的目标，能够提高审计效率和质量，降低审计成本和风险。在本案例中，虽然注册会计师对财务报告内部控制发表了否定意见的审计报告，但企业管理层接受了注册会计师针对财务报表重大错报的调整意见，即前期重大会计差错的更正，注册会计师仍然可以对财务报表发表标准无保留意见的审计报告。

本章主要针对全面内部控制，提供了一份详式内部控制审计报告，对财务报告内部控制发表了否定意见；而针对非财务报告的内部控制，分别从组织架构、人力资源、文化建设、财务人员和财务管理、税务管理等方面提出了完善内部控制的建议。另外，本章还针对全面内部控制审计面临的挑战和未来发展方向进行了探讨，从管理学理论中价值管理的角度，指出了全面内部控制审计应是价值导向的未来发展方向，因为风险管理和内部控制的最终目标都是为了促进企业的持续健康发展，实现战略目标。而且，笔者认为，在现阶段，注册会计师可以针对某一项或几项非财务报告内部控制流程进行专项审计，逐步积累和总结经验，再推广到全面内部控制审计。

研究结论、建议和展望

本章在前面理论分析和实证研究的结论上，总结研究的结论，提出完善内部控制审计的具体对策和建议以及研究的局限性和未来的研究展望。

8.1 主要结论

本书基于企业内部控制和审计理论的历史演变过程，参考企业内部控制审计在国外的实践经验和做法，结合我国财政部等五部委联合发布的《基本规范》、应用指引和审计指引，研究内部控制审计在我国的理论和实践相关问题。通过对内部控制审计的理论研究和案例、问卷调查分析，本书得出的主要结论如下：

（1）确认了整合审计方法在理论和实践方面的可行性

执行内部控制审计和财务报表审计的注册会计师是否可以为同一家事务所的注册会计师，即整合审计在理论和实践中是否可行？这是一个非常重要的理论和现实问题。本书从整合审计的必要性、可行性等方面进行了详细分析，认为整合审计具有很多优点，不仅可以实现财务报告内部控制和财务报表审计的目标，还可以提高审计质量和效率，降低审计成本。

（2）确认了内部控制整合审计流程和自上而下的审计方式

根据国内外现代风险导向的审计理论和思路，通过研究 PCA-

OB 的财务报告内部控制审计准则、我国的内部控制审计指引，以及日本等其他国家的经验和做法，确认了自上而下的审计方式和内部控制审计流程。具体流程分为三个阶段：

审计计划阶段。编制审计计划的基本原则是风险导向，以风险评估为基础，选择拟测试的控制，确定测试所需收集的证据；关注舞弊风险，设定与财务报表审计相同的重要性水平，考虑利用内审人员及他人的工作等。

审计实施阶段。在实施审计工作时，注册会计师以控制测试为基础，采用自上而下的审计方法，先从财务报表层面了解内部控制的整体风险，再到企业层面的内部控制，然后到重要账户、披露及相关认定。在完成对设计完整性和执行有效性的测试后，按照定量和定性相结合的原则，评价并确定重大缺陷，并考虑对审计报告的影响。

审计完成阶段。在审计完成阶段的主要工作，包括获取管理层声明书，沟通相关事项，考虑期后事项的影响，记录审计工作，评价审计证据，形成审计意见，出具审计报告。

（3）完善了内部控制审计报告模板

本书针对整合审计，提供了一份整合审计报告模板，将财务报表审计报告和针对财务报告内部控制审计报告整合为一份审计报告。因为整合审计报告与单独的两份审计报告相比，从理论研究和实务操作方面有较大的进步，有一定的科学性、先进性和合理性。

（4）提出价值导向的全面内部控制审计的未来发展方向

本书从管理学理论中价值链管理的角度，结合内部控制的五大目标，提出了价值导向的全面内部控制审计的未来发展方向。当然，价值导向也包含了防范和化解风险在内的风险管理内容，但不仅仅是目前所倡导的风险导向内控审计。因为风险管理和内部控制的最终目标都是为了帮助企业提高经营的效率与效果，避免和减少损失浪费，提高经营的效率和效果，促进企业的持续健康发展，实现战略目标。本书通过 M 有限公司的审计案例，举例说明了详式的全面内部审计报告。

8.2 完善内部控制审计的建议

针对我国内部控制审计的现状，存在的问题、困难和挑战，笔者提出如下改进和完善内部控制审计的建议措施。

8.2.1 持续推进内部控制审计制度的贯彻与实施

《基本规范》是由财政部、证监会、审计署、银监会、保监会联合制定并发布的，也得到了国资委大力支持和认可，目前已经引起了中纪委、监察部等部委的高度关注和重视。这些政府主管部门的重视、支持和强力推动是做好企业内部控制建设、评价及审计的关键。如证监会上市部在 2011 年 2 月 14 日发布了上市部函［2011］031 号文《关于做好上市公司内部控制规范试点有关工作的通知》，按照“坚决导入、稳步实施、步步深入、逐年提高”的内控规范实施原则，做好 2011 年上市公司内控规范的试点工作；通知要求境内外同时上市的 68 家 A + H 作为按规定实施类，选取了 216 家 A 股主板上市公司作为自愿试点类，全面做好财务报告内部控制的建设、自我评价和审计工作。根据证监会的这一通知要求，这 284 家上市公司已经全面行动起来，认真按照基本规范和配套指引的要求，全面实施内部控制的建设和自我评价，迎接内部控制审计工作。随着 2012 年 A 股主板上市公司的全面实施，内部控制建设和审计工作将迎来一个高潮期。

因为基本规范和配套指引是根据《中华人民共和国公司法》、《中华人民共和国证券法》、《中华人民共和国会计法》和其他有关法律法规制定出来的。中央各个政府部门和地方政府在发布规章制度、文件通知时，要注意保持政策规章的统一性、稳定性和持续性，充分反映、体现政府部门推动企业实施内部控制的决心和要求。另外，政府各部门、主管部门上下级之间应建立一种沟通机制，消除思想认识和理解方面的误差与分歧，及时交流、沟通、解决实施内部控制中所存在的问题、难点、障碍，保持政府各部门之间、各级政府之间制度文件的统一性、连贯性，消除和减少执行中的误差和分歧，增加实施中的可操作性。比如，可以考虑设立一个“企业内部控制部委联席工作组”，定期沟通、反馈、交流各部门管辖企业单位实施内部控制的情况，存在的问题及解决措施；还可以成立一个“企业内部控制专家工作组”，及时解答企业的技术问题，提供解释和案例指南，以帮助企业更好地实施内部控制规范。

可见，政府主管部门的推动和强制要求是实施内部控制规范的关键点和最有力的推手，特别是中纪委、监察部、国资委的重视和推动，这项工作一定会得到中央政府各部门、地方政府、各类企业的高度重视，贯彻实施一定会迅速推进。因此，笔者提出如下三点具体政策建议：

（1）政府各主管部门在其管辖范围内，高度重视、全力推动管辖范围内企业的内部控制建设和审计工作，不断地积累、总结内部控制规范的实施经验和监管经验，稳步推进，就一定能够把这项工作做好。

（2）希望证监会在审核企业首次公开发行股票、再融资申请时，发改委、证监会在审批企业发行债券时，要求企业进行内部控制的建设和评价工作，并聘请注册会计师进行内部控制审计。

（3）有关政府部门在对企业进行信用评级时，加入内部控制评价方面的指标体系，充分发挥信用评级机构和审计机构的作用，对需要进行信用评级的企业进行评分、排序、公布。这种方法相对于法律监管和行政监管而言，具有更多的灵活性，可以弥补强制监管的刚性和不足，从社会监管的角度来促进企业健全内部控制。

8.2.2　界定全面内部控制审计的不同责任

为了保障全面内部控制审计业务的顺利开展，政府有关部门及司法部门应该注重保护注册会计师的合法利益，界定注册会计师开展全面内部控制审计可能产生的法律责任，明确区分管理责任和审计责任，并尽可能减轻注册会计师开展全面内控审计的责任。具体而言，需要明确以下几点：

第一，建立、健全并实施有效的内部控制，进行内部控制的自我评价是企业董事会的责任。注册会计师执行的内部控制审计，只是从独立第三方的角度对被审计单位内部控制的有效性发表审计意见，但并不能替代或免除管理层对内部控制的责任。在我国出台的《企业内部控制审计指引》中已经明确体现了这点，指引第三条明确规定，建立、健全并实施有效的内部控制，评价内部控制的有效性是企业董事会的责任。按照该指引的要求，注册会计师的责任是在实施审计工作的基础上对内部控制的有效性发表审计意见。这种责任包括两方面内容：一是对财务报告内部控制的有效性发表审计意见，体现了对注册会计师的专业性要求；二是对在审计过程中注意到的非财务报告内部控制的重大缺陷予以披露，体现了谨慎性的要求。

第二，相关准则和审计报告应强调合理保证，以避免报告使用者过度信赖被审计单位的内部控制，加大注册会计师的责任和过度期望。因为内部控制本身也具有局限性而无法提供绝对保证，即使一套设计完美且有效执行的内控体系也会因为应用条件和环境的变化等各种原因而存在控制偏差。另外，有效执行也并不代表百分百的绝对执行。

第三，相关法规制度及准则应当明确，如果注册会计师保持了应有的职业谨慎，严格按照内部控制审计指引的要求进行审计，即使没有发现被审计单位内部控制存在的缺陷，也可以免责，除非有证据表明注册会计师没有做到勤勉尽职。

第四，相关法规制度及准则应考虑区分法定内控审计和自愿内控审计的责任。根本上说，只要注册会计师在审计过程中存在欺诈或重大过失行为，没有做到勤勉尽职，误导了报告使用者，导致报告使用者产生投资损失，就应当承担相应的责任。虽然对于自愿性内控审计和信息披露，其虚假陈述同样可能会对报告使用者的投资决策造成误导，产生投资损失，但是为了鼓励公司的自愿审计和信息披露，特别是鼓励公司开展全面内部控制审计，相关法规制度可以规定降低或减轻自愿性审计的审计责任，并在司法实践和监管实务中体现出这一精神。

8.2.3 加强内部控制审计工作的宣传与引导

经过调查了解，我们发现有不少企业存在一种担忧和顾虑，认为实施内部控制的成本费用很大，收益并不明显，浪费了企业的资源，不符合成本效益原则；还有一些企业的领导人担心，实施内部控制后会束缚领导的手脚，限制管理层对企业生产经营活动的控制力和决定权。由于上述以及其他原因，不少企业对实施内部控制并不是很积极，有一种应付监管要求的心态。因此，笔者认为，应由政府主管部门牵头，加大宣传工作力度，创新宣传方式，多方位、多渠道、多形式地宣传实施内部控制的必要性和价值，消除管理层的担忧和顾虑，提高企业实施内部控制建设、评价、审计的自觉性、主动性和积极性。通过宣传，应该让企业的管理层和决策层明确地理解，规范和加强企业内部控制，不仅是提高企业经营管理水平和风险防范能力、促进企业可持续健康发展的内在需要，也是维护良好的社会主义市场经济秩序和社会公众利益的外在需要。另外，在政府部门的工作计划和宣传计划中，也应把宣传贯彻内部控制作为一项重要工作来抓紧抓好，并制定相应的考核奖罚办法。

8.2.4 不断完善内部控制审计指引

（1）加强审计和咨询业务的独立性规定和监督检查

根据基本规范的要求，提供内部控制审计的会计师事务所不能为被审计单位提供内部控制咨询、设计服务，因为这两项服务是有利益冲突的，影响了会计师事务所的独立性，必须分开由两家机构来提供服务。但在实践中，我们发现不少会计师事务所都成立了一家单独的咨询公司，从法律形式上是独立于事务所的，但实际上仍由事务所出资或控制，仍然存在紧密的利益关系，并不符合独立性的要求。而被审计单位在选择咨询、设计机构时，往往会接受审计师的建议，以决定聘请咨询设计服务机构。因此，我们建议，财政部、中注协应重视这个现实问题，进一步强调独立性要求，制定更详细、具体可操作的独立性规定，在每年对事务所的检查中增加该项检查内容，同时对违反独立性承接咨询与设计服务的事务所，进行严肃处罚。

(2) 不断完善内控审计准则和应用指南，解决执行中存在的技术困难

目前的审计指引中没有针对“非财务报告内部控制重大缺陷”描述段的应用指南和解释说明，在审计实践中，注册会计师的理解和应用存在较大的主观性，判断标准和尺度不一致。希望中注协针对“非财务报告内部控制重大缺陷”描述段的应用提供更多的指引和案例，以指导注册会计师的审计业务，更好地披露非财务报告的内部控制重大缺陷。

审计指引对内部控制缺陷的划分与《企业内部控制评价指引》的规定相一致的。关于重要控制缺陷（应关注缺陷），在实务操作中区分和界定重大缺陷和重要缺陷比较困难，容易引起操作混乱。笔者建议取消重要缺陷，简化为两类缺陷，即重大缺陷（实质性漏洞），需要在审计报告中进行反映；一般缺陷，不需要在审计报告中进行反映。实际上，日本也是采取了两类缺陷的做法，没有重要缺陷，其理由是三分类评价程序过于复杂，难于区分重大缺陷和重要缺陷，不利于实践操作。

(3) 增加内部控制很可能存在重大缺陷的定性标准

根据内控建设咨询和审计实践的经验，以下四种情形表明内部控制很可能存大重大缺陷：一是频繁更换高管人员，尤其是财务负责人；二是频繁更换审计师，即会计师事务所；三是受到省级（含）以上政府监管部门处罚、惩戒、立案调查、约谈；四是全国

性报刊媒体曝光、批评，以及公众质疑。

8.2.5 强化会计师事务所的质量控制体系和人才培养

事务所要充分认识到财务报告内部控制审计业务已经成为一项法定审计业务，全面内部控制评价或管理咨询业务未来发展空间巨大，前景广阔，会成为事务所业务收入的一个重要增长点。对此，事务所应增加对内部控制审计、咨询业务的投入，在执业标准、审计流程、程序、执业质量控制等方面加强研究。由于内部控制审计、咨询业务都刚刚开始，事务所没有一套成熟的执业标准和质量控制体系以指导审计、咨询人员的实务操作，因此根据基本规范和配套指引的要求，研究开发事务所的执业标准体系成为当务之急。

事务所还应下大力气进行内部控制审计与咨询人才的培养。目前内部控制审计与咨询人才缺乏已经成为制约内部控制业务发展的一大瓶颈，事务所应加强内部控制审计与咨询人才培养力度，从有兴趣、有潜力的审计人员队伍中发展内部控制审计与咨询专门人才；还应当注重从外部咨询机构引进有经验的项目经理级别以上人才。

事务所应重视和加强内部控制审计与咨询人员的培训工作。因为注册会计师和审计人员的主要特长在于会计审计和财务管理等领域，而内部控制所涉及的领域非常广阔，很多领域都超出了注册会计师的专长特长。因此，事务所应当经常对注册会计师、内部控制审计与咨询人员进行有针对性的培训，聘请管理学、金融学、经济学、信息系统、统计学等领域的专家和实务工作者来进行授课讲解，拓宽注册会计师和审计、咨询人员的知识领域，提高专业胜任能力，才能更好地从事内部控制审计和咨询业务。

8.2.6 进一步提高注册会计师的业务素质和执业水平

注册会计师应加强自身的学习，增加全方位的知识技能，特别是管理学、金融、经济学、信息系统、统计学等方面的知识。内部控制涉及企业的方方面面，要做好内部控制审计、评价和管理咨询业务，不仅要求具备深厚的会计审计专业知识，还需要拥有企业所处行业的知识，管理学的知识，如发展战略规划、人力资源管理、营销管理、系统论、控制论、信息论、计算机信息系统等各方面的知识。另外，计算机运用能力、excel 操作水平、画图能力、统计软件的应用能力、应用数学和函数的能力，都是非常重要而实用的技能。当然，注册会计师可以聘请或利用专家的工作，但最终结果还是要由注册会计师来把关、负责。所以，注册会计师自身拥有丰富的相关知识是最好的，也是很有必要的。

8.3 研究展望

由于实际操作案例和自身知识水平的限制，本书对一些问题的探讨还不够深入，需要在未来作进一步研究。

（1）执行内部控制审计的成本效益分析，特别是执行全面内部控制审计的成本效益分析；

（2）全面内部控制审计如何开展，是定位为一项审计鉴证业务，还是管理咨询业务，有待于实践的检验和理论上进一步的探讨；

（3）《内部控制审计指引》在具体执行过程中遇到的困难和挑战，指引中标准、程序、方法的合理性和可操作性有待于实践的进一步检验和完善；

（4）加强实证和案例研究，以证实和支持理论观点。

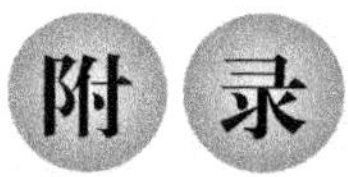

关于企业内部控制审计的调查问卷

根据财政部、证监会的相关规定，从2011年度起，注册会计师要逐步对所有主板上市公司进行内部控制审计，出具内部控制审计报告。为进一步促进和完善注册会计师开展内部控制审计业务，我们对注册会计师开展企业内部控制审计相关问题进行问卷调查，并将结果反馈给相关部门，同时提出有针对性的政策建议，进一步完善审计指引和应用指南。请你根据自己的实际情况作答，在相应的“（ ）”内打“√”，有的项目可以多选打√。

对你的热情合作和认真作答，表达我们最诚挚的谢意。

1. 你从事审计工作的年限是（ ）。

A. 2—5年（ ）　B. 5—10年（ ）

C. 10年以上（ ）

2. 你在事务所的职位是（ ）。

A. 合伙人（ ）　B. 高级或部门经理（ ）

C. 项目经理（ ）

3. 根据财政部、中注协在2010年发布的《内部控制审计指引》，你及你所是否出具过内部控制审计报告？

A. 没有出具过（ ）　B. 出具过，5份以下（ ）

C. 出具过5—10份（ ）　D. 出具过10份以上（ ）

4. 如果出具过，则审计意见类型的份数是，请填写数量（ ）。

A. 标准无保留份数（ ）　B. 强调事项段份数（ ）

C. 无法表示意见份数（　）　　D. 否定份数（　）

E. 非财务报告的重大缺陷描述段份数（　）

5. 你个人认可的审计方式是（　　）。

A. 整合审计（即内控审计与报表审计一起审计），且单独出具审计报告（　）

B. 单独进行内控审计，且单独出具内控审计报告（　）

6. 在执行内部控制审计后，事务所的审计收费扣除物价上涨因素，是否有明显增长，增长幅度为（与上年审计收费相比）。

A. 0%—10%（　）　　B. 10%—20%（　）

C. 20%—30%（　）　　D. 30%—50%（　）

E. 50%以上（　）

7. 出具非标意见的内控审计报告后，财务报表审计报告是否也为非标意见？

A. 是（　）　　B. 否（　）

如果财务报表为非标意见，则内控审计报告必然为非标，但反过来内控审计报告为非标，而财务报表审计报告则不一定为非标，你是否同意？

A. 同意（　）　　B. 不同意（　）

C. 其他意见（　），请说明

8.《内部控制审计指引》提出，注册会计师可以利用企业内部审计人员、内部控制评价人员和其他相关人员的工作，在实际工作中，利用程度如何（　　）。

A. 利用较好（　）　　B. 利用不好（　）

C. 其他情况（　），请说明

如果是利用不好，主要影响因素是（　　）。

A. 内审及相关人员的能力和素质不够（　）

B. 内审及相关人员独立性和地位较差（　）

C. 其他因素（　），请说明

9.《内部控制审计指引》指出，建立健全和有效实施内部控制，评价内部控制的有效性是企业董事会的责任。在实际工作中，董事会是否对内控有效性进行了评价（　　）。

A. 有（　）　　　　　　B. 没有（　）流于形式

C. 走过场（　）

10.《内部控制审计指引》提出，注册会计师在测试控制设计与运行的有效性时，应当综合运用询问适当人员、观察经营活动、检查相关文件、穿行测试和重新执行等方法。在实际工作中，你们主要依赖哪几种方法，各种方法按使用的多少排序如下，1 为最多，5 为最少：

A. 询问（　）　　　　　　B. 观察（　）

C. 检查（　）　　　　　　D. 穿行测试（　）

E. 重新执行（　）

11.《内部控制审计指引》提出，表明内部控制可能存在重大缺陷的迹象，主要包括：发现高级管理人员任何性质的舞弊行为（无论舞弊是否重大）；更正已经公布的财务报表，以反映对错误或舞弊导致错报的纠正；审计师发现当期财务报表的重大错报，但该错报没有被公司财务报告内部控制发现；公司审计委员和内审机构对内部控制的监督失效。

在实际工作中，是否确实如此？

A. 同意（　）　　　　　　B. 基本同意（　）

C. 不太同意（　）

12. 你认为在从事内部控制审计中，财政部、中注协还需要从哪些方面进行努力（可多选）。

A. 扩大宣传（　）

B. 增加政策强制性要求（　）

C. 完善指引、指南，增加案例和解释（　）

D. 其他方面，请建议

13. 在完善指引、指南方面，你认为最需要修改、完善的部分是：

A. 审计的流程与方法（　）

B. 非财务报告的重大缺陷案例（　）

C. 重大缺陷和重要缺陷的区分、判断标准需要进一步明确（　）

D. 提供相关案例（　）

E. 其他方面，请说明

14. 在审计实务中，是否存在重大缺陷和重要缺陷很难区分和界定，建议准则将重要缺陷删除，三类缺陷修改为两类缺陷，即重大缺陷（实质性漏洞，发表非标准审计意见）和一般缺陷。你是否同意此简化修改？

A. 同意（　）　　B. 不同意

C.（　）请列出主要理由

15. 你认为事务所从事内控审计，主要困难和障碍是：（可多选）。

A. 缺乏技术支持，事务所没有制定相应的审计流程、标准和程序（　）

B. 缺乏专门人才（　）

C. 业务不多，企业意愿不高（　）

D. 其他因素，请说明（　）

16. 你认为内控审计是否有利于提升企业的经营管理水平，为企业提供价值增值服务，还是增加了企业的成本负担？

A. 主要是价值增值服务（　）

B. 主要是增加了企业负担（　）

C. 增加了企业部分成本，但也提供了价值增值服务（　）

17. 如果你认为内控审计能够提供价值增值服务，主要是通过哪些方式来实现的？（可多选）

A. 提供有价值的管理建议书（　）

B. 帮助企业发现重大缺陷和风险点，加强风险管理（　）

C. 帮助企业遵纪守法，降低违法违规的风险和成本（　）

D. 其他，请列示（ ）

18. 你认为内控审计未来发展的方向应该是：

A. 风险导向（ ）

B. 价值导向，为促进企业可持续健康发展服务（ ）

C. 原则导向，根据重要性和适用性原则，简化审计流程和程序，降低审计成本和企业的负担（ ）

D. 其他，请列示

19. 探讨性问题：

（1）在加强董事会内控评价工作方面，你有哪些建议？请列示。

（2）表明内部控制可能存在重大缺陷的迹象，除指引列示的四种情况外，你认为还有哪些主要迹象？请列示。

（3）针对问题10，内控测试的审计方法，除列示的5种方法外，还采用了其他哪些方法？请列示。

附件：

个人基本情况：本研究需要了解受测者的个人情况，再次声明，您所填的资料我们将会绝对保密，请放心作答。

1. 您的性别：

A. 男　　B. 女

2. 您的年龄：

A. 20—25　　B. 26—30

C. 31—35　　D. 36—40

E. 41—45　　F. 46—50

G. 50以上

3. 教育程度：

A. 大专　　B. 本科

C. 硕士　　D. 博士

4. 您在目前单位的服务年限是：

A. 3年以下　　B. 4—8年

C. 9—15 年　　D. 15 年以上

5. 您所在单位的员工人数有：

A. 100 以下　　B. 100—200 人

C. 200—300 人　　D. 300—500 人

E. 500 人以上

参考文献

一、中文文献

1. 贝塔朗菲：《一般系统论：基础、发展和应用》，清华大学出版社 1987 年版。

2. 财政部等五部委：《企业内部控制规范》，中国财政经济出版社 2010 年版。

3. 财政部等五部委：《企业内部控制规范解读》，中国财政经济出版社 2010 年版。

4. 财政部会计司编写组：《企业会计准则讲解（2008）》，中国财政经济出版社 2008 年版。

5. CCH 公司：《美国证交会内部控制规范及配套准则》，中信出版社 2009 年版。

6. ［美］德姆塞茨：《所有权、控制与企业》，经济科学出版社 1999 年版。

7. 胡春元：《风险导向审计》，东北财经大学出版社 2009 年版。

8. 科斯·哈特·斯蒂格利茨：《契约经济学》，经济科学出版社 1999 年版。

9. 李凤鸣：《内部控制学》，北京大学出版社 2002 年版。

10. 卢昌崇：《企业治理结构》，东北财经大学出版社 1999 年版。

11. ［美］迈克尔·查特菲尔德著，文硕、董晓柏等译：《会计思想史》，中国商业出版社 1989 年版。

12. 缪艳娟：《企业内部控制研究——制度视角》，东北财经大学出版社 2009 年版。

13. 缪艳娟：《企业内部控制研究》，东北财经大学出版社 2009 年版。

14. 日本企业会计审议会，李玉环译：《日本内部控制评价与审计准则》，东北财经大学出版社 2007 年版。

15. 审计署、人事部、审计专业技术资格考试办公室：《审计理论与实务》，中国时代经济出版社 2011 年版。

16. ［美］夏恩·桑德：《会计与控制理论》，东北财经大学出版社 2000 年版。

17. 徐玉德：《企业内部控制设计与实务》，经济科学出版社 2009 年版。

18. ［英］R. 威尔逊著，苏通等译编：《实用成本控制指南》，北京大学出版社 1987 年版。

19. 阎金锷、陈关亭：《内部控制评价应用》，中国人民大学出版社 1998 年版。

20. 杨瑞龙：《企业共同治理的经济学分析》，经济科学出版社 2001 年版。

21. 杨时展：《世界审计史》，企业管理出版社 1996 年版。

22. 叶陈刚、李相志：《审计理论与实务（第二版）》，中信出版社 2009 年版。

23. 周得孚：《管理控制》，上海财经大学出版社 1998 年版。

24. 张金水：《经济控制论——动态经济系统分析方法与应用》，清华大学出版社 2000 年版。

25. 张文焕等：《控制论、信息论、系统论与现代管理》，北京出版社 1990 年版。

26. 朱荣恩等：《企业内部控制规范与案例》，中国时代经济出版社 2009 年版。

27. 中国注册会计师协会：《中国注册会计师执业准则》，经济科学出版社 2006 年版。

28. 中国注册会计师协会：《审计》，经济科学出版社 2009 年版。

29. 中国注册会计师协会：《内部控制审核指导意见》，经济科学出版社 2002 年版。

30. 张先治、池国华：《企业内部控制原理、经验与操作——企业内部控制高层研讨会文集》，中国财政经济出版社 2002 年版。

31. 陈汉文："萨班斯法案 404 条款——后续进展"，《会计研究》2005 年第 2 期。

32. 陈汉文、李荣："财务呈报内部控制审计准则的国际发展"，《审计与经济研究》，2007 年第 3 期。

33. 陈汉文、李荣："财务呈报内部控制审计准则的国际发展"，《审计与经济研究》，2007 年第 5 期。

34. 陈关亭："论上市公司内部控制的披露及其审核"，《审计研究》，2003 年第 6 期。

35. 陈天骥："深市主板上市公司内部控制披露情况分析"，《中国证券报》，2008 年。

36. 陈毓圭："对风险导向审计方法的由来及其发展的认识"，《会计研究》，2004 年第 2 期。

37. 陈毓圭："以审计风险准则为重点进一步完善中国独立审计准则"，《财务与会计》，2004 年。

38. 池国华："企业内部控制规范实施机制构建：战略导向与系统整合"，《会计研究》，2009 年第 9 期。

39. 池国华："基于管理视角的企业内部评价系统模式"，《会计研究》，2010 年第 11 期。

40. 曹俊："解读 PCAOB5 号中"缺陷"的变化——基于同 PCAOB 2 号的比较"，《国际商务财会》，2008 年第 3 期。

41. 董崇骅："审计产生的客观基础"，《吉林学院学报》，1990 年。

42. 杜兴强："审计全新思路：战略系统审计模式"，《中国审计》，2003 年第 7 期。

43. 冯璐："PCAOB 对内部控制审计的启示探讨"，《现代商贸工业》，2008 年第 9 期。

44. 付胜、王炳华："审计模式的新境界：现代风险导向审计"，《东北财经大学学报》，2005 年第 4 期。

45. 方红星："内部控制审计与组织效率"，《会计研究》，2002 年第 7 期。

46. 樊子君、金花妍："韩国内部控制研究"，《审计研究》，2009 年第 5 期。

47. 顾奋玲："日本企业内部控制评价与审计准则及启示"，《中国注册会计师》，2009 年第 3 期。

48. 葛家澍："美国安然事件的经济背景分析"，《会计研究》，2003 年第 3 期。

49. 耿云江，理论与实务联动，"共同推动中国内控体系贯彻实施——中国会计学会内部控制专业委员会 2010 年年会观点述要"，《会计研究》，2011 年第 2 期，第 91～93 页。

50. 国务院国有资产监督管理委员会："中央企业全面风险管理指引"，2002 年 6 月 6 日。

51. 黄世忠、陈建明："美国财务舞弊症结探究"，《会计研究》，2002 年第 10 期。

52. 李明辉："浅谈上市公司内部控制报告"，《审计研究》，2001 年第 3 期，第 42～46 页。

53. 阚京华、曹俊："美国内部控制审计 5 号准则的新变化"，《中国注册会计师》，2008 年第 3 期。

54. 阚京华、曹俊："美国财务报告内部控制审计准则变化解析"，《会计之友》，2007 年第 4 期。

55. 阚京华："我国内部控制发展的制度性缺陷与完善"，《审计与经济研究》，2006 年第 3 期，第 88～92 页。

56. 李爽、吴溪："内部控制鉴证服务的若干争议探讨"，《中国注册会计师》，2003 年第 5 期，第 8 ~ 11 页。

57. 李明辉、张艳："上市公司内部控制审计若干问题之探讨"，《审计与经济研究》，2010 年第 2 期。

58. 李心合："内部控制：从财务报告导向到价值创造导向"，《会计研究》，2007 年第 4 期。

59. 陆建桥："后安然时代的会计与审计"，《会计研究》，2002 年第 10 期。

60. 马腾："蓝田股份：证监会在调查什么？"，《证券市场周刊》，2001 年第 10 期。

61. 缪艳娟："英美上市公司内控信息披露制度对我国的启示"，《会计研究》，2007 年第 9 期。

62. 缪艳娟："企业内部控制规范实施机制的新制度经济学分析"，《会计研究》，2010 年第 11 期。

63. 刘明辉、张宜霞："内部控制的经济学思考"，《会计研究》，2002 年第 8 期。

64. 刘明辉、崔刚、张秀华："加强审计理论研究推动审计事业繁荣"，《会计研究》，2004 年第 12 期。

65. 刘明辉："独立审计准则研究"，东北财经大学出版社 1997 年版，第 192 页。

66. 刘明辉、张宜霞："内部控制的历史发展与理论拓展"，东北财经大学财务与会计研究中心，2003 年度研究报告。

67. 刘永泽："从系列造假案引发的思考"，东北财经大学财务与会计研究中心，2003 年度研究报告。

68. 潘秀丽："对内部控制若干问题的研究"，《会计研究》，2001 年第 6 期。

69. 秦荣生："论审计与受托经济责任的‘血源’关系"，《当代财经》，1999 年。

70. 吴伟、刘双锋："美日内部控制审计准则比较研究及启示”，《经济论坛》，2009 年第 11 期。

71. 王希全：“商业银行价值创造导向型内部控制评价体系研究”，《中央财经大学学报》，2009 年第 4 期。

72. 谢盛纹：“PCAOB 财务报告内部控制审计准则具体实施中的问题”，《会计之友》，2007 年第 9 期。

73. 谢晓燕、张心灵、陈秀芳：“我国企业内部控制审计的现实选择”，《财务通讯》，2009 年第 3 期。

74. 谢晓燕、张龙平：“审计视角下内部控制相关概念的探讨”，《会计文苑》，2009 年第 2 期。

75. 谢晓燕：“企业内部控制审计研究——构建内部控制审计目标实现机制”，内蒙古农业大学博士论文，2010 年。

76. 谢荣、吴建友：“现代风险导向审计理论研究与实务发展”，《会计研究》，2004 年第 4 期。

77. 许永斌、裘益政：“金融危机背景下的公司治理、内部控制与会计准则研究”，《会计研究》，2009 年第 11 期，第 92 ~ 94 页。

78. 阎达五、杨有红：“内部控制框架的构建”，《会计研究》，2001 年第 2 期。

79. 杨辉：“美国关于内部控制审计准则的改变”，《当代经济研究》，2008 年第 5 期。

80. 杨志国：“关于企业内部控制审计指引制定和实施中的几个问题”，《财务与会计》，2010 年第 10 期。

81. 杨清香：“试论内部控制概念框架的构建”，《会计研究》，2010 年第 11 期。

82. 周勤业：“美国内部控制信息披露的发展及其借鉴”，《会计研究》，2005 年第 2 期。

83. 周勤业：“美国内部控制信息披露的发展及其借鉴”，《会计研究》，2005 年第 2 期。

84. 张笠：“美国内部控制准则最新发展与启示”，《审计月刊》，2007 年第 8 期。

85. 张龙平、陈作习："财务报告内部控制审计的历史回顾"，《审计月刊》，2008 年第 9 期。

86. 张龙平、陈作习："财务报告内部控制审计的研究综述"，《审计月刊》，2008 年第 11 期。

87. 张龙平、陈作习："财务报告内部控制审计的理论分析（上下）"，《审计月刊》，2009 年第 1 期。

88. 张龙平、陈作习："财务报告内部控制审计与财务报表审计的整合研究（上下）"，《审计月刊》，2009 年第 5 期。

89. 张龙平、陈作习、宋浩："美国内部控制审计的制度变迁及其启示"，《会计研究》，2009 年。

90. 张龙平："财务报告内部控制审计的历史回顾"，《审计月刊》，2008 年第 9 期。

91. 张龙平、李长爱、邓福贤："国际审计风险准则的最新发展及其启示"，《会计研究》，2004 年第 12 期。

92. 张龙平、朱锦余："关于注册会计师内部控制评价理论思考"，《审计研究》，2002 年第 1 期。

93. 张维迎："所有制、治理结构与委托代理关系"，《经济研究》，1996 年第 9 期。

94. 张文魁："大型企业集团管理体制研究：组织结构、管理控制与公司治理"，《改革》，2003 年第 1 期。

95. 张先治："内部管理控制系统框架"，东北财经大学财务与会计研究中心，2003 年度研究报告。

96. 张砚、杨雄胜："内部控制理论研究的回顾与展望"，《审计研究》，2007 年第 1 期，第 37 ~ 41 页。

97. 张宜霞："第 5 号审计准则——与财务报表审计相结合的内部控制审计"，东北财经大学出版社，2007 年版第 3 期。

98. 张连起："风险导向审计在中国"，中华财会网（www.e521.com），2004 年 12 月 7 日。

99. 朱荣恩："建立和完善内部控制的思考"，《会计研究》，2001 年第 1 期。

100. 朱荣恩、应唯、袁敏："美国财务报告内部控制评价的发展及对我国的启示"，《会计研究》，2003 年第 8 期。

101. 国务院办公厅，国办发［2009］56 号文，《转发财政部〈关于加快发展我国注册会计师行业若干意见的通知〉》，2009 年。

102. 财政部会计司、中注协：《规范内控审计行为促进内控有效实施—解读〈企业内部控制审计指引〉》，2010 年。

103. 中国注册会计师协会：《企业内部控制审计指引实施意见》，2011 年。

104. 刘玉廷："全面提升企业经营管理水平的重要举措——解读《企业内部控制配套指引》"，2010 年。

105. 证监会上市部函［2011］031 号：《关于做好上市公司内部控制规范试点有关工作的通知》。

106. CCH 公司："内部控制指引——萨班斯—奥克斯利法案第 404 条款相关部分"，CCH 香港有限公司，2009 年。

107. "家乐福价格欺诈事件暴露企业内控缺失"，《中国会计报》，2011 年 2 月 25 日。

108. "内控缺失，该"疗毒"的不只是阿里巴巴"，新华网，2011 年 2 月 24 日。

109. "乳制品企业生产许可重新审核工作等情况"，国家质检总局新闻发布会，2011 年 4 月 2 日。

二、外文文献

110. Jerold L. Zimmerman. Accounting for Decision Making and Control. Second Edition. The McGraw – Hill Companies Inc, 1997.

111. John A. Pearce II, Richard B. Robinson Jr. , Strategic Management: Formulation, Implementation and Control. Sixth Edition. The McGraw – Hill Companies Inc. , 1997.

112. Obert N. Anthony. Management Control Systems. Ninth Edition. The McGraw – Hill Companies Inc. , 1998.

113. Robert Kuhn Mautz, Hussein Amer Sharaf. The Philosophy of Auditing. American Accounting Association, 1961.

114. Shyam Sunder. Theory of Accounting and Control. South – Western College Publishing, 1997.

115. William R. Scott. Financial Accouting Theory. Prentice – Hall Inc, 1999.

116. USA. Foreign Corruption Practice Act (FCPA), 1976.

117. Committee of Sponsoring Organization of the Treadway Commission (COSO). Enterprise Risk Management – Integrated Framework. Application Techniques, 2004.

118. COSO. Internal Control – Integrated Framework, 1992.

119. Ashbaugh – Skaife, Collins, Kinney. The Discovery and Consequences of Internal Control Deficiencies Prior to SOX – Mandated Audits. Journal of Accounting and Economics, 2007, 166 – 192.

120. Ashbaugh – Skaife, Collins, Kinney. The Effect of Internal Control Deficiencies and Their Remediation on Accrual Quality. Accounting Review, 2008, 83 (1): 217 – 250.

121. Dan Dhaliwal, Chris Hogan, Robert Trezevant, Michael Wilkins. Internal Control Disclosures, Monitoring and the Cost of Debt. The Accounting Review, 2011, 86: 1131 – 1156.

122. David M. Willis. Management Reports on Internal Controls. Journal of Accountancy, 2000, 190.

123. Edwin Wong. Vital role of Internal Control Systems in Managing Risks. Business Times, 2000.

124. Effrey Doyle, Weili Ge, Sarah McVay. Accruals Quality and Internal Control over Financial Reporting. The Accounting Review, 2007.

125. Elbannan. Quality of Internal Control over Financial Repor-

ting, Corporate Governance and Credit Ratings. International Journal of Disclosure and Governance, 2009, 6 (2): 127 - 149.

126. Hogan, Wilkins. Evidence on the Audit Risk Model: Do Auditors Increase Audit Effort in the Presence of Internal Control Weaknesses. Working paper, Southern Methodist University, 2006.

127. Hollis Ashbaugh - Skaife, Daniel W. Collins, William R. Kinney Jr. . The discovery and reporting of internal control deficiencies prior to SOX - mandated audits. Journal of Accounting and Economics, 2007. 166 - 192.

128. Hollis Ashbaugh - Skaife, Daniel W. Collins, William R. Kinney Jr, Ryan LaFond. The Effect of SOX Internal Control Deficiencies and Their Remediation on Accrual Quality. The Accounting Review, 2008.

129. Hollis Ashbaugh - Skaife, Daniel W. Collins, William R. Kinney Jr, Ryan LaFond. The Effect of SOX Internal Control Deficiencies on Firm Risk and Cost of Equity. Journal of Accounting Research, 2009, 47 (1) .

130. James Schaefer, Joy V. Peluchette. Internal Control: Test Your Knowledge, 2010.

131. Jayanthi Krishnan. Audit Committee Quality and Internal Control: An Empirical Analysis. The Accounting Review, 2005, 80 (2).

132. Jeffrey Doyle, Weili Ge, Sarah McVay. Determinants of Weaknesses in Internal Control over Financial Reporting. Journal of Accounting and Economics, 2007, 193 - 223.

133. Jennifer Altamuro, Anne Beatty. How does Internal Control Regulation Affect Financial Reporting. Journal of Accounting and Economics, 2010, 58 - 74.

134. J. - B. Kim, B. Y. Song, L. Zhang. Internal Control Weakness and Bank Loan Contracting: Evidence from SOX Section 404 Disclosures. The Accounting Review, 2011, 86 (4): 1157 - 1188.

135. Matthew G. Lamoreaux. Beef Up Internal Audit. Journal of Accountancy, 2011.

136. MeiFeng, ChanLi, Sarah McVay. Internal Control and Management Guidance. Journal of Accounting and Economics, 2009, 190 - 209.

137. Michael A. Sides. Reviewing Internal Controls: A Fresh Approach. Strategic Finance, 2001, 83.

138. M. Ogneva, K. R. Subramanyam, K. Raghunandan. Internal Control Weakness and Cost of Equity: Evidence from SOX Section 404 Disclosure. The Accounting Review, 2007, (82): 1255 - 1297.

139. Robert Simons. Control in an Age of Empowerment. Harvard Businness Review, 1995.

140. Thomas A. Ratcliffe, Charles E. Landes. Understanding Internal Control and Internal Control Services. Journal of Accountancy, 2009.

141. Wallace, W. A.. Should CPAs Reports on Internal Control be Required? Survey Evidence on The Effects of Such a Requirement. Business and Economics Review, 1982, (13): 20 - 23.

142. SEC. Report of Management's Responsibilities, 1988.

143. SEC. Final Rule: Management Reports on Internal Control over Financial Statements and Certification of Disclosure in Exchange Act Periodic Report, 2003.

144. SEC. Amendments to Rules Regarding Management's Report on Internal Control over Financial Reporting, 2007.

145. PCAOB. Auditing Standard No. 2 - An Audit of Internal Control over Financial Reporting Performed in Conjunction with an Audit of Financial Statements, 2004.

146. PCAOB. Auditing Standard No. 5 - An Audit of Internal Control over Financial Reporting That is Integrated with an Audit of Financial

Statements, 2007.

147. CICA. Section 5925 – An Audit of Internal Control over Financial Reporting That is Integrated with an Audit of Financial Statements, 2007.

148. BDO. Internal Control Audit Work Program, 2008.

149. 長吉真一.《内部統制監査の本質と公認会計士業務の多様化》, 2008, (9)。

150. 品川陽子, 土田義憲.《内部統制評価の品質向上のポイント》, 企業会計, (9)。

151. 日本公認会計士協会監査基準委員会.《財務諸表の監査における不正への対応. 監査基準報告書第35号》, 2008。

152. 住田清芽.《金融商品取引法に基づく内部統制評価及び監査の1年目の結果について》, 企業会計, 2009, (9)。

后　记

本书面世之际，不由得回忆起攻读博士研究生的三年学习生活，百般思绪涌上心头，千言万语枕于胸间。三年中，我在中国财政科学研究院这所国家财政系统的黄埔军校，有幸收获了众多良师挚友的热情指点与帮助，借此机会致以最诚挚的谢意！

首先，感恩我的导师刘玉廷老师。饮水思源，得益于恩师垂青，我得以进入中国财政科学研究院这所向往已久的学术殿堂攻读博士学位。学业上，恩师注重因材施教，不遗余力地为我创造条件以启迪思维、开拓视野、增长见识，使我更深刻地领会到中国会计改革的时代背景、国际发展变革趋势，以及维护国家经济利益和参与国际竞争的现实需要。至今，我还反复回味恩师曾经的指点："现代会计理念绝不是传统的账房先生会计，而是包括了企业会计审计准则、政府会计、管理会计、全面内部控制、会计信息化、产融结合等诸多领域的综合会计系统"，"新时代的高级会计人员应该是作为企业或单位最高决策者之一的管理人员"……谆谆教诲既留存在我的笔记本中，更深深烙印到我的脑际心间。恩师向来鼓励我理论联系实际，并为我提供了参加财政部重点会计课题研究、专业性国际会议的难得机会，今日回眸，更加理解恩师望徒成才的良苦用心。除了学业上的点拨，恩师更通过言传身教，引导我建立工作实践中行之有效的方法论、为人处事圆融通达的人生观。三年师生缘，一世不了情！认识恩师是我人生中一次极其重大的转折和新的起点，对我未来一生的发展都产生了极其重大的影响。

其次，衷心感谢财科院的老师们对我的培养和帮助。从贾康、罗文光、周守华、王世定、于中一等众多学界前辈名师大家在课堂上的旁征博引、纵横捭阖，到研究生部张东明、孟翠莲、郑斐斐、李兰以及所有任课老师事无巨细的悉心关怀、热心点拨，你们的传道、授业、解惑令我如沐春风，并极大地丰富了我的精神世界！

在此，我还要郑重感谢财科院2009级博士班全体同学及其他届别同学的关怀帮助。同窗三载，在比学赶帮超的良好氛围中，我与博士班的全体同学都建立起深厚的友谊。特别感谢班长刘锋和赵璧，以及何召滨、李尚荣、高鹏、刘志刚、梅月华、陈磊、雷光华、刘梅玲、黄燕飞、周卫华、樊利平、万俊杰、黄锦亮等同学在学习和工作上给予我的支持和帮助。在我博士论文写作过程中，张继德师兄、李尚荣同学、何召滨同学从整体框架、逻辑结构、摘要目录、文字排版等各方面向我直言不讳地提出了批评和建议；上一届会计学专业的洪金明同学，为我提供了极富价值的资料信息；王建新、张庆龙、郑伟、徐华新、王守海、胡建忠、伍李明等师兄，黄洁莉、葛晓舰等师姐，以自己的论文写作经历及经验，与我分享宝贵的真知灼见；中央财经大学研究生刘雷、刘安娜同学为我查找文献资料、检查错别字，使我节省了大量基础性工作的时间。受益于师长同学们无私的关心支持与指导帮助，我的论文逻辑通顺、条理清晰、令人耳目一新；我的人生，也因为你们的出现而更加精彩！

在本书出版印刷的过程中，中国财政经济出版社的蔡丽兰主任、编辑王溥以及其他同志们帮我认真校对、排版、编辑、设计，付出了辛勤的汗水；中财金控董事长肖钢同志，以及高鹏、刘志刚同学也给我提供了多方面的帮助，在此向他们表示深深的感谢！

总而言之，攻读博士学位的三年时间，是我收获和进步的三年。这期间，我默默承受住了多方面不为人知的压力，个中滋味，“如鱼饮水，冷暖自知”。通过不懈努力、执着坚持、顽强拼搏，今天终于可以通过本书为自己攻读博士的经历画上圆满的句号。最后，我想再一次重温财科院的校训——低调做人，高调做事做学问，并将在未来的一生中，一以贯之地坚持下去。

吴寿元

2016年6月于北京